Calma emocional

Calma emocional

Bernardo Stamateas

VERGARA

Papel certificado por el Forest Stewardship Council®

Primera edición: marzo de 2018
Primera reimpresión: agosto de 2018

© 2017, Bernardo Stamateas
© 2018, Penguin Random House Grupo Editorial, S. A. U.
Travessera de Gràcia, 47-49. 08021 Barcelona

Printed in Spain – Impreso en España

ISBN: 978-84-16076-17-8
Depósito legal: B-322-2018

Compuesto en Infillibres S. L.

Impreso en Cayfosa
Barcelona

VE 7 6 1 7 8

Penguin
Random House
Grupo Editorial

*A mis amigos, con quienes comparto
los miedos y las alegrías,
las preocupaciones y las certezas,
así como la fe en que lo mejor está por venir.*

INTRODUCCIÓN

El presente libro nació de los cientos y cientos de correos electrónicos, consultas e inquietudes que hemos recibido con un común denominador: *Tengo miedo a... ¿Qué hago?*

Todos los seres humanos experimentamos miedos, preocupaciones y ansiedades. Esto es normal y forma parte de la vida. Somos seres incompletos de camino a la completitud, que vamos desarrollando algunas áreas más que otras, pero todos necesitamos seguir creciendo hasta el último día de nuestra vida.

El crecimiento es una paradoja. Podríamos compararlo con dirigirnos hacia el horizonte: cuanto más nos acercamos, más se aleja. Nadie puede decir que ha alcanzado la madurez, ya que, a medida que avanzamos, vamos subiendo paso a paso, al igual que lo hacemos en una escalera, y así vamos creciendo.

Estas páginas incluyen temas tales como el miedo a la muerte, a la vejez, al rechazo, a la crítica, al fracaso, etc.

También las preocupaciones más frecuentes que experimentamos los seres humanos, así como esa emoción llamada ansiedad, que hoy en día se ha convertido en una epidemia a nivel mundial.

¿Qué podemos hacer frente al miedo? Ofrezco aquí algunas ideas prácticas que espero que podáis aplicar y disfrutar. Muchas de ellas son ampliamente conocidas, pero el objetivo es que nos ayuden a recordar «lo obvio», teniendo presente que todos podemos crecer y alcanzar la plenitud día a día.

BERNARDO STAMATEAS

1

SOY MUY ANSIOSO

1. UNA VERDADERA EPIDEMIA

Hoy en día, la ansiedad parece haberse convertido en una epidemia. Muchas personas, aun sin darse cuenta, sufren de ansiedad, y esta «baña» todas sus actividades y les afecta tanto a nivel psicológico como físico. Definimos la ansiedad como una *reacción automática* que nos prepara para actuar ante una amenaza o un futuro que percibimos como negativo. Es una señal de alerta del cuerpo ante determinadas situaciones, que cumple una función adaptativa y nos capacita para la resolución.

Todos los seres humanos necesitamos sentir un poco de ansiedad para vivir, siempre y cuando sea posible manejarla y se trate de una ansiedad normal y leve. Pero cuando se convierte en ansiedad crónica, no solo afecta a quien la padece sino además a quienes le rodean. Si me encuentro en un aeropuerto tomando algo antes de la salida de mi vuelo y, de repente, me doy cuenta de que mi avión está próximo a salir, seguramente me levantaré de un brinco para dirigirme a la puerta de embarque lo más rápido posible.

Dicha reacción resulta útil porque me empuja a la acción. Este tipo de ansiedad se dispara al encontrarnos ante una situación nueva. Ahora bien, si estoy nervioso cuando falta una hora para el embarque, es evidente que no es una ansiedad buena ni útil, pues se dispara en un momento inapropiado. Es importante «ordenar nuestro enfrentar», ya que la ansiedad aumenta cuando no actuamos. Negarse, de modo consciente o inconsciente, a enfrentar una cuestión que requiere resolución es lo mismo que considerarla una amenaza.

A continuación, os invito a realizar un test basado en un estudio llevado a cabo en Estados Unidos para comprobar si una persona es ansiosa. Las respuestas posibles son: *algo*, *bastante* o *mucho*:

- Vivo constantemente preocupado.
- Me preocupo cuando siento que no tengo suficiente tiempo para hacer todo lo que quiero.
- Son muchas las situaciones que me llevan a la preocupación.
- En cuanto termino una tarea, comienzo a preocuparme por otra.
- La ansiedad se me dispara en cualquier momento y no la puedo controlar.
- No dejo de preocuparme por un proyecto hasta haberlo terminado.

Se cree que cinco de cada diez personas, en alguna etapa de su vida, sufrirán lo que se conoce como TAG: trastorno de ansiedad generalizada. Si bien, como hemos visto, la ansiedad es normal ante un peligro o un desafío y nos permite ir del punto A al punto B, puede transformarse en peligrosa cuando es excesiva e incontrolable.

¿Cuándo la ansiedad puede volverse patológica?

Cuando la reacción desproporcionada es constante. De esta manera, la persona ingresa en una cadena de preocupaciones que no logra romper. Muchos aseguran vivir preocupados «por todo o por nada». Es decir, no por una preocupación o un miedo determinados. No saben bien qué les preocupa. Por esa razón, se la considera generalizada. Los trastornos de ansiedad no suelen responder a un hecho específico, como es el caso de las fobias. El fóbico recuerda un hecho traumático puntual, por ejemplo, que cuando era pequeño lo encerraban en una habitación, lo cual se desplaza en el futuro hacia una fobia a los lugares cerrados. El trastorno de ansiedad suele adquirirse por imitación y aprendizaje (la forma en que fuimos criados). Algunos padres transmiten a sus hijos la idea de que «el mundo es un lugar peligroso».

> «La catástrofe que tanto te preocupa a menudo resulta menos horrible en la realidad de lo que fue en tu imaginación.»
>
> Wayne W. Dyer

2. Características de la persona ansiosa

La ansiedad que no se puede manejar y perdura en el tiempo indefectiblemente traerá como resultado ciertos síntomas físicos. Uno de ellos es el cansancio extremo que raya en el agotamiento. También podemos mencionar: irritabilidad, dolores musculares, contracturas, aceleración, deseos de llorar, sensación de ahogo y angustia.

El escritor Andrea Fiorenza, autor del libro *99 estrategias para superar el miedo, la ansiedad y las fobias*, hace una clasificación muy importante de los principales síntomas de la ansiedad. Asimismo, menciona que la ansiedad, ya sea neurótica o patológica, cuando se manifiesta como un fuerte malestar interior acompañado de un sentimiento de imposibilidad de llevar una vida normal, hace que nos sintamos débiles y dependientes de los demás. Su clasificación es la siguiente:

Síntomas emotivos:
- Tensión y continuo estado de alerta
- Menor capacidad de concentración, atención y aprendizaje
- Insatisfacción de sí mismo
- Indecisión
- Trastornos del sueño
- Trastornos del deseo

Síntomas fisiológicos:
- Cansancio y debilidad
- Mareos y vértigo
- Sudoración abundante, manos sudadas
- Cefaleas por tensión
- Trastornos visuales
- Dificultad para respirar

Síntomas de comportamiento:
- Tendencia al aislamiento
- Inquietud o agitación
- Balbuceos
- Actitud hipercrítica
- Trastornos alimentarios
- Deterioro de las relaciones sociales y afectivas.*

¿Qué le sucede a la persona ansiosa?

- **Siempre imagina lo peor**

Tal actitud se denomina «pensamiento negativo o ca-tastrofista». El ansioso construye mentalmente una hipó-tesis de lo que podría llegar a ocurrir. Sus ideas siempre comienzan con «¿y si...?»: «¿y si me enfermo?, «¿y si me echan del trabajo?», «¿y si él/ella me deja?». Por supuesto, la respuesta siempre es negativa. Así, a una pregunta hipotética

> «Hoy es el mañana por el que te preocupabas ayer.»
> Dale Carnegie

se le suma una respuesta catastrofista. Esta es la fórmula perfecta para la ansiedad crónica.

- **Baña de ansiedad todas sus actividades**

Por ejemplo, si uno tiene una entrevista a las 10 de la mañana, a las 5 o 6 de la madrugada ya estará despierto y preparado. La ansiedad nos conduce a experimentar un

* FIORENZA, Andrea, *99 estrategias para superar el miedo, la ansiedad y las fobias*, Ediciones Integral, Barcelona, 2007.

conflicto entre dos relojes: el externo y el propio interno. Fuera es un horario, pero dentro el reloj corre más rápido. Esta situación es la que hace que alguien viva apresuradamente.

- **Experimenta manifestaciones a nivel físico**

Aunque la persona no se dé cuenta, la ansiedad se va acumulando para manifestarse luego en su cuerpo, mediante alguno de los síntomas antes mencionados o, en los casos más extremos, como ataques de pánico. Quien sufre un ataque de pánico tiene la sensación de que se va a morir o se va a volver loco. El «panicoso» corre a hacerse un chequeo general, pero el médico le anuncia: «Usted no tiene nada.» En realidad, sí que tiene algo: ¡ansiedad! Esta lo mantiene en un estado de permanente hipervigilancia, sintiendo que algo malo va a pasar en cualquier momento, pero sin poder focalizarlo en algo concreto.

3. EL ORIGEN DE LA ANSIEDAD

¿Dónde nace la ansiedad? Nace de las creencias que todos tenemos, es decir, de una determinada manera de pensar. Así como pensamos, nos sentiremos y actuaremos en la vida. Estas son las dos principales creencias de una persona que experimenta ansiedad:

> «La ansiedad con miedo y el miedo con ansiedad contribuyen a robarle al ser humano sus cualidades más esenciales. Una de ellas es la reflexión.»
>
> **Konrad Lorenz**

a. Tengo que estar siempre alerta

El ansioso cree, porque así se lo han enseñado, que es necesario «prevenir» para vivir tranquilo. Su lema es: «Mejor prevenir que curar.» Pero no se trata de una actitud natural, porque lo conduce a esperar siempre lo peor, un accidente, una catástrofe, y sobre todo a anticiparse a las consecuencias. Entonces su cuerpo, con su sabiduría innata, comienza a enviarle señales de alerta: sudor, mareo, ahogo, angustia, etc. Como resultado de todo eso la persona se vuelve extremadamente controladora, para lograr sobrevivir a sus propios pensamientos negativos, que siempre imaginan el peor de los escenarios.

b. Algo malo me va a pasar

El ansioso jamás piensa en alternativas positivas. Por ejemplo, si su hijo o hija sale y no lo llama, piensa: «Debe de haberle pasado algo malo.» No piensa que su móvil se quedó sin batería, o simplemente lo está pasando bien y se ha olvidado de llamar. Siempre «adivina» lo que podría haber ocurrido, en un intento de anticiparse a la realidad. Es como un guardameta que está permanentemente intentando evitar todos los goles, lo cual hace que viva distraído, ensimismado en sus pensamientos y angustiado. Pensar en términos absolutos («blanco o negro») eleva los niveles de ansiedad.

Lo ideal para el tratamiento de la ansiedad es acudir a un centro de salud mental o un hospital, o consultar a un terapeuta especializado en este tipo de trastornos (que a veces son causa de otras dolencias, como los trastornos del aparato digestivo). Hay instituciones excelentes que ofrecen terapias breves con diversas técnicas que pueden ayudar al ansioso. El pronóstico es bueno, pero lo fundamental es modificar toda creencia negativa, como estas dos que acabamos de mencionar, y aprender a relajarnos para no preocuparnos en demasía.

4. ¿ANSIEDAD ES LO MISMO QUE MIEDO?

No existe ser humano que no tenga miedo alguna vez. El miedo, como la ansiedad, es una reacción normal ante un peligro, pero hemos de hacer una distinción entre ambos conceptos. En la mayoría de los casos, el *miedo* es específico, mientras que la *ansiedad* es general y consiste en una preocupación que apunta más bien al futuro. A su vez, el *pánico* vendría a ser una acumulación de ansiedad cuyo síntoma principal es miedo a la muerte.

El miedo, ya sea que lo deseemos o no, nos acompaña a lo largo de toda la vida y está relacionado siempre con una pérdida. Es decir, con la sensación de que vamos a perder algo. Pero existen miedos lógicos y útiles, y otros totalmente inútiles.

Por ejemplo, si voy conduciendo y se me cruza un animal en medio del camino, indudablemente tendré miedo de sufrir un accidente. Ese es un miedo útil que me permite tomar los recaudos necesarios. Ahora bien, si estoy en mi casa pensando que un león puede escaparse del zoo y venir a atacarme, se trata de un miedo irracional que no me sirve para nada, solo para generar ansiedad y preocupación.

5. IDEAS PRÁCTICAS PARA ENFRENTAR LA ANSIEDAD

La ansiedad, como todo lo que puede llegar a trastornar el curso normal de nuestra vida, debe ser enfrentada y nunca ignorada. He aquí algunos ejercicios que pueden ayudarnos a tal fin:

> «El hombre es la medida de todas las cosas. Es el hombre quien determina si las cosas son o no son y quien define cómo son.»
>
> Protágoras

Ejercicio 1

Confeccionar una lista de todas nuestras preocupaciones. Ponerlas por escrito nos permite objetivarlas y ordenarlas en el papel o la pantalla. Y una vez que tengamos la lista, comenzar a puntuar cuál de esas preocupaciones es más importante y cuál menos. No es lo mismo preocuparse por perder un objeto, por valioso que sea, que por perder la salud. Jerarquizar las preocupaciones brinda orden a nuestros pensamientos y nos permite responder a la pregunta: «¿Qué puedo hacer frente a esto?» La ansiedad no se resuelve pensando y pensando obsesivamente, sino actuando. Si tengo miedo de enfermar,

> «Espero que ahora, al escribirla, quede definitivamente desalojado el casillero de mis preocupaciones.»
>
> Mario Levrero

¿qué puedo hacer? Anotar cuatro o cinco acciones que podría realizar y después pasar a la acción es descubrir que la fantasía, muchas veces, no coincide con la realidad.

Ejercicio 2

Comer lentamente. Esto se suele recomendar a los ansiosos, ya que no mastican la comida, ¡la tragan! Por lo general, tardan apenas unos minutos en terminar de comer. Lo ideal es masticar cada bocado hasta convertirlo casi en líquido. Aunque parezca algo simple, para el ansioso suele ser una tortura. De esta forma, logra conectar con su enorme dosis de energía ansiosa, pues comer lentamente y masticar lo desacelera y termina por solucionar los problemas gastrointestinales que son la consecuencia lógica de esa actitud ante la comida.

Ejercicio 3

Ignorar los pensamientos catastrofistas. Esto es fundamental porque todo pensamiento negativo que tienda a la catástrofe nos provoca angustia, disparando una emoción de la que solo deseamos liberarnos. Esto, sin darnos cuenta, refuerza dicho pensamiento (que se enquista todavía más), como en el conocido ejercicio de tratar de no pensar en un elefante rosa... para terminar pensando en él.

¿Qué deberíamos hacer con este tipo de pensamientos? Observarlos tal como observamos un cuadro, o nubes en el cielo, sin luchar con ellos. Y decirnos «Estoy teniendo este pensamiento...» hasta que desaparezca de nuestra mente. Si lo comparamos con un tablero de ajedrez, las piezas negras serían los pensamientos negativos. ¿Quién soy yo? Algunos creen que son las piezas blancas y otros, las negras. En realidad, yo soy el tablero y tengo la capacidad de autoobservarme. Una cosa es expresar «Soy un inútil» y otra muy distinta, «Estoy teniendo el pensamiento de que soy un inútil». Así puedo tomar distancia y convertirme en observador de mis pensamientos. Permito que circulen por mi mente, pero ya no lucho contra ellos ni les temo.

> «No deberías inquietarte por lo que aún no ha sucedido, puesto que la única forma que tiene el futuro para dañarnos es lograr que nos preocupemos.»
>
> Christopher Paolini

Al final pierden fuerza y son simplemente lo que son: pensamientos. ¡Yo no soy *mis* pensamientos!

Ejercicio 4

Es importantísimo abrir espacios de placer (tengamos ansiedad o no). El ansioso va por la vida a 200 kph en su reloj interno y no se permite disfrutar de nada. Algunos incluso adoptan conductas sobreadaptativas. ¿Qué significa esto? Que siempre están adaptándose a los demás, a lo que los otros quieren. «¿Qué quieres ver en el cine?» «Lo que tú elijas está bien.» Así se pasan la vida, sin ser capaces de disfrutar ni conectar con nada. Hacer una pausa y quitar el pie del acelerador son maneras de reconectar con el placer.

Nuestra existencia es demasiado valiosa como para perder años de calidad de vida a causa de la ansiedad crónica. Si lo que hemos hecho hasta el momento no ha funcionado, probemos algo diferente y atrevámonos a dar el salto. Neguémonos a «vivir ansiosos» y detengamos la ansiedad en el mismo momento en que surge en nuestra mente, antes de que se traslade a nuestro cuerpo. Hoy en día la ansiedad se ha convertido en una emoción común. Para comprobarlo basta con observar a la gente en los ámbitos donde nos movemos. Muchas personas se comen las uñas, tartamudean, transpiran, comen compulsivamente (sin apetito), fuman, y la lista podría continuar. Todas estas señales son un llamado de atención que no podemos pasar por alto.

Para concluir, se puede salir de la toxicidad de la ansiedad. Tal vez nuestro caso requiera de ayuda profesional, pero todos podemos poner en práctica alguna de estas pequeñas actitudes que ayudan a reducir el estrés:

- Detectar las fuentes de ansiedad.
- Establecer pautas que permitan disfrutar de la vida en plenitud y con tranquilidad.
- Eliminar todas las actividades que provoquen ansiedad.
- Evitar las malas noticias y escoger opciones más satisfactorias, como un buen libro o una buena película.

- Aprender algo nuevo a diario.
- Desarrollar hábitos de vida saludables.
- Descansar bien.
- Mantenerse alejado de las personas complicadas y procurar la compañía de gente que sume y no reste.
- Expresar las emociones de manera sana.
- Reír con frecuencia.

Desterremos la ansiedad de nuestras vidas. ¡Es posible!

2

INSEGURIDAD EMOCIONAL

1. GESTIONAR NUESTRA INSEGURIDAD

Todos somos inseguros en una u otra medida, esto es perfectamente normal. Negar que somos inseguros es narcisismo y omnipotencia, es un pensamiento irracional. Y este pensamiento nos hace cometer tonterías: el exceso de confianza —por ejemplo, del experto profesional o el experto conductor— hace que ya no analice, no revise, no tome los recaudos necesarios, y pueda cometer los más grandes errores de su vida.

La inseguridad es una situación de ansiedad: no sabemos si elegir A o B, no sabemos qué sería lo mejor, cuál sería el mayor beneficio a corto o largo plazo. Esta sensación de inseguridad nos dificulta mucho tomar decisiones, nos hace consultar a todo el mundo, nos hace torturarnos analizando si habremos hecho bien o mal. Si los miedos crecen, se vuelven irracionales y empiezan a paralizarnos. Entonces, gestionar nuestras inseguridades es un elemento muy importante.

A continuación, algunas acciones que podemos acometer para romper el círculo del miedo que nos impide funcionar en nuestro mejor nivel:

- **Cambiar miedos irracionales por emociones reales**
La mayoría de las personas se concentran en lo que no quieren, sin darse cuenta de que cuanto más piensan en algo, más real se vuelve. Entonces, en lugar de declarar «No debo temerle a tal o cual cosa», deberíamos expresarlo de manera positiva. Nadie puede cambiar a otra persona, pero todos tenemos la capacidad de dominar nuestras conductas y, sobre todo, nuestros pensamientos.

- **Fortalecer nuestra estima y la confianza en nosotros mismos**
Cuando prestamos atención a nuestros puntos fuertes, nuestra autoconfianza aumenta. Eso no significa que ignoremos nuestras debilidades, sino que las conocemos pero no nos concentramos en ellas. Tal actitud afecta nuestra conducta y, en especial, la forma en que manejamos los miedos, tanto los reales como los imaginarios.

- **Aceptar y reconocer los miedos que tenemos**
Aunque parezca increíble, algunos le tienen miedo al miedo. El primer paso para superar cualquier temor es aceptar que existe en nuestra vida, reconocerlo y hacer algo al respecto. Tener miedo es una señal de que estamos avanzando, enfrentando desafíos nuevos y abandonando la comodidad. Los grandes conquistadores siempre tienen al miedo como compañero de aventuras. No obstante, si-

guen adelante y obtienen logros, lo cual los protege de posibles sentimientos irracionales. Al miedo no hay que esconderlo, sino detectarlo y ponerlo en palabras. Tampoco hay que esconderse de él, sino todo lo contrario: hay que mirarlo a los ojos. Entonces, finalmente, acabará por achicarse y desaparecer.

- **Elegir pensamientos orientados a la acción**

Cuando tememos a algo, deberíamos tomarnos un tiempo para considerar qué es lo peor que podría pasarnos si eso que nos causa miedo sucediera. Y luego elaborar posibles respuestas para esa situación hipotética. Es decir, hacer una lista de los miedos y al lado oponerle una posible acción a llevar a cabo. Por ejemplo, si me quedara sin trabajo, ¿qué cosas podría hacer para enfrentar la situación y modificarla? Este ejercicio consiste en generar pensamientos de provisión, para el caso de que el miedo se haga realidad. En la mayoría de los casos, eso que más tememos nunca llega a suceder.

No nos convirtamos en víctimas del miedo. Detrás de él siempre se esconde un gran temor: ser abandonados. Por lo general, nuestros peores miedos aparecen en la infancia. Por eso, es fundamental detectarlos y oponerles el bien más preciado que los seres humanos poseemos: el amor. Pero sin esperarlo de fuera, sino amándonos

> «La vida no es fácil para nadie. Pero ¡qué importa! Hay que perseverar y, sobre todo, tener confianza en uno mismo. Hay que sentirse dotado para realizar alguna cosa, y esa cosa hay que alcanzarla, cueste lo que cueste.»
>
> Marie Curie

a nosotros mismos primero, para después recibir amor de otros. El amor vence todos y cada uno de nuestros temores.

2. NO PUEDO DECIDIR QUÉ HACER

Los seres humanos tomamos muchas decisiones al día, desde las más superficiales hasta las más trascendentales. La capacidad de decidir es una de las expresiones básicas del ser libre. Sin embargo, para muchas personas, decidir implica un enorme conflicto. Por lo general, cuantas más opciones tenemos, más difícil resulta decidir. Por eso, podríamos afirmar que hoy en día tomar una decisión es una tarea mucho más compleja que en el pasado.

Y mucho más cuesta decidir, afrontar un conflicto, cuando la inseguridad es una emoción que nos impide avanzar. Tengamos en cuenta que, cuando nos referimos a inseguridad interior, nos referimos a la dificultad de las personas para centrarse en sus fortalezas, en sus capacidades, en todo aquello que pueden pero no logran reconocer, lo cual hace que no alcancen a ver su seguridad interna objetivamente y magnifiquen sus debilidades.

La magnificación de sus debilidades y la imposibilidad de ver sus capacidades los lleva a dudar, a preguntar, a rumiar, a analizar permanentemente, a no tomar decisiones o a tomarlas sin confianza en sí mismas. La buena estima consiste en vernos en nuestra totalidad, es decir, ver tanto nuestros puntos fuertes como nuestros puntos débiles, de manera objetiva.

¿Cómo actúa una persona insegura?

En primer lugar, *detiene a los demás*. Por ejemplo, cuando un hombre o una mujer está en pareja y tiene inseguridad interior, aplastará la estima del otro. ¿De qué manera? Repitiéndole frases tales como: «no puedes», «no lo vas a lograr», «no tienes lo que se necesita». Su actitud negativa es el temor a que, si al otro le va bien y lo supera, lo abandone. Toda persona que anula al otro por temor es una persona insegura, cree que, si el otro crece, se irá de su lado. Esto no solo ocurre en la pareja, sino en cualquier ámbito en que nos manejemos.

Otra manifestación de la gente insegura es *trabajar sin parar*. La persona que trabaja día y noche lo hace porque, en el fondo, está buscado reconocimiento. Necesita que alguien le diga: «¡Cuánto trabajas!» Alguien que actúa de ese modo no puede delegar y, muy probablemente, terminará estresado. Si le dicen: «¿Por qué no delegas alguna tarea?», se niega a hacerlo porque, inconscientemente, piensa: «Si delego, no obtendré el reconocimiento que busco.»

Otra manifestación de inseguridad es *cuidar la imagen delante de los demás*. Cuando cuidamos nuestra imagen más que el objetivo que anhelamos alcanzar, nos convertimos en esclavos de la gente. Muchas personas están atadas a la mirada del otro y dicen: «No lo digas porque se van a enojar» o «No lo hagas porque te van a criticar». Viven de apariencias. Se mantienen muy atentos para recibir de su entorno (afuera) la seguridad que les falta en su interior.

La inseguridad nunca viene de fuera, va de dentro hacia fuera

En otros casos, la inseguridad convierte a muchos en personas agresivas que, por temor, tratan mal a todo el mundo. No les permite aprender, ya que les roba la humildad y los hace soberbios. El soberbio, que no se deja enseñar por nadie, en el fondo no confía en sí mismo ni en los demás. Por el contrario, la persona segura no necesita impresionar a nadie, porque sabe quién es y cuán valiosa es.

Cuando alguien es inseguro y mira a los otros para obtener seguridad, todo lo negativo que los demás tengan tarde o temprano le va a afectar porque reforzará su inseguridad. En cambio, el que mira hacia dentro, el lugar donde se hallan todas las respuestas, tendrá una visión clara y caminará con seguridad emocional. El biógrafo del doctor Alfred Adler —un reconocido psicólogo— relata esta anécdota: en una ocasión la maestra de Ali, la hija de Adler, le dijo que era una tonta para las matemáticas. Cuando él lo supo, le preguntó a Ali: «¿Crees todo lo que tu maestra te dice? ¿Qué te hace suponer que ella está en lo cierto?» Ali llegó a ser una gran matemática y nunca más aceptó opiniones acerca de sus propias limitaciones o las de otras personas. No todos tenemos padres psicólogos, capaces de discernir una situación emocional con tanta claridad, pero todos podemos reconocer observaciones hechas al descuido y no permitir que nos hagan daño.

3. ¿POR QUÉ NOS CUESTA DECIDIR?

• **Me cuesta decidir por miedo a equivocarme**

No decidir ya es una decisión. Quedarse sin decidir es una pérdida. En la mayoría de los casos, el pensamiento catastrófico que considera el error como algo grave nos inhibe y nos deja en una posición donde no hay toma de decisiones. Un ejercicio positivo es preguntarse: ¿qué es lo peor que me puede suceder? Muchas veces descubrimos que la realidad no es como imaginábamos. La fantasía supera la realidad. Ante un error, podemos enojarnos, buscar una excusa para explicarlo, abandonar la tarea. O tomar ese error como un aprendizaje y construir hacia delante. Por supuesto, nos referimos a errores cotidianos que son parte de la vida.

• **Me cuesta decidir porque tengo miedo de no estar a la altura de las circunstancias**

Hay personas cuyo miedo a equivocarse pasa por no querer ser criticados. El riesgo de la crítica siempre está presente. Ya sea que se trate de un experto o un novato, siempre habrá gente que verá lo que hace el otro desde una perspectiva diferente. Ante una situación complicada, es bueno sentarnos a enumerar los beneficios y las dificultades, sacarla del ámbito subjetivo, pasarla al plano objetivo a través de la escritura y brindarnos un tiempo para meditar sobre ella.

• **Me cuesta tomar decisiones y dejo que los demás lo hagan por mí**

Muchas personas evitan tomar decisiones para pararse en el lugar de la comodidad. Otras lo hacen para tener la oportunidad de culpar a los demás (si hubiese alguna dificultad). «Yo hice lo que me dijiste», se excusan. Para adoptar buenas decisiones, hace falta tomarse un tiempo para la reflexión, consultar con mentores y siempre decidir en función de los objetivos.

- **Tomo decisiones y luego dudo de esas decisiones**
Nuevamente es aconsejable el ejercicio de escribir los inconvenientes y beneficios, lo cual también nos permitirá volver a realizar una evaluación y, si es preciso, tomar una nueva decisión.

- **Cuando tomo una decisión, no logro disfrutarla**
Siempre que tomamos una decisión, ganamos algo y perdemos algo. Si ponemos el foco en lo que perdemos, nunca podremos disfrutar sus beneficios. Si ponemos el foco en lo obtenido, entonces sí que podremos disfrutarlos. No se trata de querer todo en la vida, todo es nada.

Para superar la inseguridad interior, es necesario trabajar en el tema de la confianza, tanto en uno mismo como en los demás. Estas son algunas de las características de quienes confían en sí mismos y en los otros:

> «Muchos de nosotros no estamos viviendo nuestros sueños porque tememos vivir nuestros miedos.»
>
> **Les Brown**

- Son proactivos a la hora de resolver problemas.
- Se respetan a sí mismos.
- Se aman de manera sana y equilibrada.
- Cuidan su aspecto personal y también su mundo interior.
- A veces dudan, pero eligen una u otra opción, no se estancan.

> «La vida es como una bicicleta: para mantener el equilibrio tienes que seguir adelante.»
>
> **Albert Einstein**

4. TODOS SOMOS APTOS PARA DECIDIR

A pesar de los rasgos negativos de personalidad que podamos tener, como la inseguridad emocional, a pesar de las dudas que podamos albergar, todos nacemos con cuatro cualidades distintivas muy valiosas.

> «No soy producto de mis circunstancias, soy producto de mis decisiones.»
>
> **Steven Covey**

Nacemos siendo:

- Libres
- Fuertes
- Distintos
- Inteligentes

Veamos a continuación cada una por separado:

- **Somos libres**

Cuando tenemos un sueño grande y vamos en pos de él, caminamos en libertad y con fortaleza.

- **Somos fuertes**

En una ocasión conocimos en las noticias la historia de un niño que vivió en un automóvil y, aun así, fue capaz de terminar la escuela primaria. Lo hizo en medio de un contexto que no es bueno desde ningún punto de vista, pero tuvo una madre que creyó en él y eso lo fortaleció. Cuando tenemos a alguien que cree en nosotros, somos capaces de vivir en circunstancias adversas, soltar toda nuestra fuerza interior y lograr cosas grandes.

- **Somos distintos**

Tú y yo somos distintos, pero la cultura en que vivimos busca que todo sea uniforme. Que todos pensemos lo mismo, que todos nos vistamos de la misma forma (la moda fugaz), que todos actuemos igual. Es decir, nos transmiten «mente de manada». Muchos miran a alguien y lo admiran. Piensan: «¡Cómo me gustaría tener la vida que tiene esa persona!» Lo cierto es que cada ser humano es único, distinto, irrepetible. Los seres humanos somos seres gregarios, nos gusta estar juntos, en grupos, nos necesitamos los unos a los otros para compartir, para hablar, para curarnos. Por eso, funcionamos en manada y esta necesariamente implica que haya un líder. El líder es el que conduce a la manada del punto A al punto B. Hay personas que tienen mayor capacidad de sociabilización y les gusta estar con gente; y otras que tienen una tendencia al individualismo, no les gusta compartir tanto. Sin embargo, todos necesitamos tener ese balance entre disfrutar en soledad y disfrutar de estar con los demás.

Imitemos las características buenas de los demás. Inspirémonos en ellos, pero nunca perdamos nuestra individualidad con sus rasgos distintivos, pues si nosotros le permitimos emerger a la superficie, sobresaldrá y enriquecerá el mundo.

• Somos inteligentes

Ser inteligente no es saber datos de memoria, sino tratar bien a los demás. ¿Por qué? Porque solos no llegamos a nada. Aquello que alcanzamos por nuestra capacidad podemos perderlo por nuestro carácter. Si no sabemos tratar a los demás, no somos inteligentes. Alguien dijo que nuestro capital más valioso es nuestra agenda, porque nadie logra nada importante en soledad. El éxito de una persona es un logro de equipo. Cuando tratamos bien a la gente, somos inteligentes, porque todo lo que sembremos tarde o temprano lo cosecharemos.

Somos libres, fuertes, distintos e inteligentes. No permitamos que nadie nos presione y quiera convencernos de lo contrario. A veces somos débiles a las presiones. ¿Por qué? Porque no podemos ver nuestras capacidades y todo aquello que somos capaces de lograr. Cuando no veo mis capacidades, mis puntos fuertes, vivo intensamente las presiones, las crisis. Por eso, es fundamental aprender a ver nuestros recursos. Todos contamos con una caja de recursos: afectivos, materiales, intelectuales, sociales. Pero si no tenemos claridad con respecto a esos recursos, las luchas con la gente nos derrumban. No porque sus presiones sean más fuertes que nosotros, sino porque no logramos ver nuestras capacidades.

¿Cómo reconocemos nuestras capacidades? De dos maneras:

- Recordando cómo obtuvimos nuestros logros en el pasado.
- Imaginando que nuestro problema lo tiene otra persona.

Solo el reconocimiento y la valoración del tesoro que portamos en nuestro interior nos permitirá convertirnos en la mejor versión de nosotros mismos, y entonces tendremos la fuerza interior para alcanzar lo que nos propongamos. Necesitamos aprender a caminar con seguridad interior y soltar toda la riqueza que llevamos dentro. Es tiempo de quitarnos los miedos, sanar las emociones y llegar a la meta que nos hemos propuesto. No se trata de mero optimismo, sino de construir la clase de vida que nos gustaría vivir, lo cual nos ayuda a ser personas más confiadas y emocionalmente fuertes.

> «La confianza nos da coraje y amplía nuestros horizontes, permite asumir mayores riesgos y llegar mucho más lejos de lo que imaginamos.»
>
> Jack Welch

¿Cómo podemos ser más seguros? De dos maneras:

- **Reconociendo nuestros miedos**
  Necesitamos despojarnos de la creencia de que somos inseguros. ¿Tenemos miedo? Claro que sí, pero en nuestro interior albergamos los recursos y las capacidades para ser libres del temor e ir por nuestros sueños.

- **Hablando bien de nuestro final**
  Aprendamos a hablar bien de nosotros mismos y de todo aquello que nos hemos propuesto: «El final de mi sueño va a salir bien; el final de mis días va a ser bueno; el final de mis hijos va a ser maravilloso; el final de mi negocio va a ser excelente.» Tenemos que aprender a generar una cultura de hablar bien de nosotros mismos y de nuestra propia vida, lo cual significa declarar que el final será extraordinario.

  > «Empieza haciendo lo necesario, después lo posible, y de repente te encontrarás haciendo lo imposible.»
  > San Francisco de Asís

Busquemos siempre en nuestro interior la seguridad emocional que es parte del potencial ilimitado que necesitamos soltar para convertirnos en la mejor versión de nosotros mismos.

3

TENGO MIEDO

1. EL MIEDO NEGATIVO

Todos los seres humanos tenemos miedo. El miedo es una respuesta fisiológica de nuestro cuerpo frente a un peligro. Frente a un peligro, se activa el miedo de dos maneras: ataque o huida. Cuando sentimos miedo, la sangre se dirige a los pies para huir, o a las manos para pelear. En ese momento no se piensa ni se razona, no hay tiempo para ello. Por ejemplo, si ahora entrara un león por la puerta, seguramente saldríamos corriendo para protegernos.

Entonces, el miedo es una emoción frente a un peligro real y puede activarse de golpe porque sucede algo inesperado, porque escuchamos un ruido o porque alguien nos sigue en la calle.

Pero también noso-

> «El miedo es natural en el prudente, y el saberlo vencer es ser valiente.»
>
> **Alonso de Ercilla y Zúñiga**

tros mismos podemos mantenerlo encendido. Cuando esto ocurre, se va acumulando en el cuerpo y eso trae, como resultado, los trastornos de ansiedad que tanta gente padece hoy en día. Dicho de otra manera: genera estrés. El estrés no es ni más ni menos que miedos permanentemente encendidos (y acumulados) a lo largo del tiempo. Cuando la señal de alarma está encendida todo el tiempo, nos estresamos y el estrés se convierte en el disparador de todas las enfermedades que podríamos llegar a tener.

Un viejo chiste dice:

Una pareja llevaba dieciocho años casada. Una madrugada, ella le dijo a él:

—Mi amor, me parece que ha entrado un ladrón en casa.

El hombre se levantó de la cama, revisó toda la casa y no encontró nada. Volvió a acostarse, había sido solo un ruido. Al día siguiente, a las tres de la mañana, ella lo despertó otra vez:

—Mi amor, me parece que ha entrado un ladrón.

Él se levantó y preguntó:

—¿Hay alguien ahí? —No hubo respuesta.

A la madrugada siguiente ella volvió a despertarlo por la misma razón. Y así todos los días de todos los años, hasta que llegaron a viejos.

Un día, el anciano se puso las pantuflas y fue hasta la sala arrastrando los pies. Efectivamente, un ladrón había entrado en la casa.

—¡Deme todo el dinero o lo mato! —le ordenó el intruso.

—¿Usted es un ladrón? —preguntó el anciano.

—¡Sí! ¡Deme todo el dinero!

—Tranquilo, se lo voy a dar, pero antes, por favor, vaya y salude a la viejita que hace cincuenta años que lo está esperando a esta hora.

Hay un miedo positivo frente a un peligro real, pero también hay un miedo negativo cuando el peligro no es real. Y eso es precisamente el estrés: un miedo permanente e irreal. En realidad, el miedo es uno, pero se va centrando en distintos puntos. Por ejemplo, el miedo al rechazo, a un animal, a un examen, a la gente, etc. Entonces, más que enfrentar determinada situación, tendríamos que trabajar con la emoción llamada miedo pues, si no, lo que haríamos sería desplazar el miedo de un ámbito a otro. Si sabemos administrarlo, ya no lo pondremos en los distintos aspectos de nuestra vida y nos libraremos de todos nuestros temores.

> «Nada en la vida debe ser temido, solamente comprendido. Ahora es el momento de comprender más, para temer menos.»
>
> Marie Curie

2. ¿DÓNDE PONEMOS EL MIEDO?

• En el dinero

Cuando una persona no se siente capaz, o tiene miedo de sus fortalezas, ¿qué suele hacer? Por ejemplo, puede encontrar su seguridad en el dinero. Quien gasta en exceso, sin control, aunque le duela hacerlo, tiene miedo y cree que su capacidad no tiene valor. En el otro extremo, quien ahorrando dinero se siente seguro dice: «Cuanto más dinero tengo, más seguro estoy.» ¿Por qué no gasta? Porque gastar es sinónimo de consumir su seguridad. Entonces elige ahorrar, porque cuanto más dinero tenga, más seguridad sentirá.

> «Aquel que más posee, más miedo tiene de perderlo.»
>
> Leonardo da Vinci

Si ponemos nuestra seguridad en el dinero, significa que no creemos en nuestra propia capacidad porque tenemos miedo de nuestros puntos fuertes. Quien le tiene miedo a su capacidad pondrá su seguridad en el dinero.

¿Cómo es posible que una persona posea muchos más bienes de los que puede disfrutar? La codicia está basada en el miedo. No en el deseo de tener más, sino en el miedo a no tener lo suficiente. Cuando una persona no confía en su capacidad, comienza a acumular «juguetes» para tratar de bajar su temor, pero la falta de confianza en sí misma la lleva a la codicia. Detrás de un codicioso hay una persona con temor.

De la misma forma, ¿por qué una persona roba? Porque no cree en su capacidad. Si creyese en su capacidad de prosperar y avanzar en la vida, no tomaría nada que no fuera propio. No creer en la propia capacidad causa temor y puede conducir a una persona a robar o estafar. En cambio, creer en todo lo bueno que hay dentro de nosotros hace que nunca necesitemos apropiarnos de nada ajeno. Algunas veces la raíz del robo es el miedo.

- **En la agresividad**

Cuando una persona va conduciendo su vehículo y agrede a otro conductor, ¿por qué reacciona así? Porque tiene miedo. Aquel que cree en su capacidad puede detenerse a hablar, pero el que agrede, grita, descalifica e incluso golpea, es una persona temerosa. Aunque sea varón y parezca «el más macho», o mujer y parezca «la más sensual y segura de sí misma». En el fondo, el violento tiene miedo. Cuando una persona cree en su capacidad, no precisa agredir a nadie. Detrás de muchos que se muestran valientes, hay seres humanos asustados que no creen en su propia capacidad.

- **En el control**

Hay gente que pone el temor en el control. Cuando las parejas pelean por tonterías, lo hacen porque uno teme ser controlado por el otro. Entonces desatan una guerra verbal para ser el primero en controlar: «Yo marcaré qué se come en esta casa» o «Yo decidiré a qué hora se sale y a qué hora se vuelve», suelen decir.

Pero detrás de ese control sobre el otro hay miedo a ser controlado y perder la libertad. La gran mayoría de las discusiones de pareja no se dan por los temas que aparentemente están discutiendo, sino por el miedo al control. En el fondo, ¿por qué pelea una pareja cuando en casa hay mucho o poco dinero? Por el poder. El que dispone del dinero tiene el poder, y todos los seres humanos necesitan tener algo de poder. Si las parejas pelean por dinero es por el miedo al control. Por lo general, uno de los dos quiere administrar el dinero porque cree que lo va a ayudar a tener más poder. Y detrás de eso siempre se encuentra el miedo.

- **En la postergación**

Otras personas viven postergando: «El lunes empiezo la dieta» o «El mes que viene empiezo el gimnasio», dicen. Todo lo dejan para después. ¿Por qué? Por miedo al error, a fracasar, a que les vaya mal.

También por miedo al éxito. Aunque parezca increíble, muchos temen que les vaya bien; entonces postergan. Me ha escrito mucha gente que está cursando el último tramo de la carrera universitaria desde hace años, varados en las últimas asignaturas, sin lograr cerrar esa etapa. ¿La razón? El miedo. Toda postergación es un miedo, al fracaso o al éxito, pero miedo al fin.

- **En el conflicto**

La gente que teme las peleas se vuelve elusiva y, como consecuencia, nunca discute ni conversa; solo se traga su malestar y posterga sus decisiones para más adelante. Evita el conflicto a toda costa porque le tiene mucho miedo.

- **En lo social**

Otros ponen el miedo en lo social, no hablan delante de otras personas por temor a causar una mala impresión, son tímidos porque piensan que no están a la altura de los demás. Su inseguridad es tan grande que si alguien se ríe delante de ellos creen que el motivo de la risa son ellos mismos, que el otro se está burlando.

- **En el cambio**

Algunas personas se niegan sistemáticamente cuando se les presenta la oportunidad de hacer un cambio, cuando les proponen hacer algo nuevo. Prefieren seguir con los mismos muebles de la tatarabuela y las mismas ideas de la infancia. ¿Por qué? Porque pusieron el miedo en el cambio y se acomodaron en aquello que saben de memoria. Siempre que nos cuesta el cambio, es por miedo a lo nuevo.

Podemos poner el miedo en distintas áreas y arruinarnos la vida. O podemos aprender a administrar nuestros temores para ser libres de ellos. Cuando creemos en nosotros mismos no recurrimos a ninguna forma de miedo porque sabemos que hemos sido diseñados para triunfar en la vida.

> «Los peores embusteros son nuestros propios temores.»
>
> **Rudyard Kipling**

3. CÓMO ADMINISTRAR EL MIEDO

Es fundamental aceptar que tenemos miedo, una emoción normal y universal. Tengo miedo y lo acepto, no lo niego, pero ahora que ya lo he aceptado, no debería taparlo. La diferencia entre la persona segura y la insegura es que las dos tienen miedo, pero una lo administra y la otra se deja administrar por él. Valiente no es el que no tiene miedo. Toda

> «No es valiente aquel que no tiene miedo, sino el que sabe conquistarlo.»
>
> **Nelson Mandela**

persona mentalmente sana tiene miedo pero, como lo reconoce, es capaz de administrarlo.

La emoción es la herramienta y la razón es la mano que maneja esa herramienta. Yo no tengo que dejar que las emociones me manejen, sino administrar mis emociones a través de la razón. No puedo guiarme por el miedo, sino dejar que la mano (mi razón) administre esa emoción para utilizarla positivamente. De ese modo, administro mis emociones con sabiduría.

> «No huyo de un reto porque tenga miedo. Al contrario, corro hacia el reto porque la única forma de escapar del miedo es aplastarlo con los pies.»
>
> Nadia Comaneci

Veamos algunas ideas para administrar el miedo:

- **Tener mentores**

  Un mentor siempre enseña a administrar los miedos. Procuremos la compañía de gente que nos aporte «ideas de oro». Por ejemplo, nos vamos a operar y el médico nos explica cómo será la operación. Si esa información deshace nuestro miedo, iremos a la operación con un miedo normal, pero no con pánico. ¿Por qué? Porque ese profesional nos aportó ideas de oro.

  Un mentor es alguien que puede darnos una idea brillante capaz de deshacer nuestro miedo.

> «Nunca se teme bastante al confiar en otro.»
>
> Pietro Metastasio

- **Automotivarnos**

  Cristóbal Colón podría haber sido un comerciante mediocre, pero tenía un sueño grande: descubrir algo nuevo. Si tenemos sueños grandes, es importante aprender a motivarnos. Por ejemplo, podemos considerar lo que nos falta todavía, lo que aún no hemos logrado, y concentrarnos en eso para motivarnos. No nos conformemos con lo que logramos antes, ya que, cuando uno se conforma con lo logrado, deja de soñar y es guiado por el miedo. Pero cuando uno persigue un sueño más grande que el miedo, eso se llama *automotivación*.

No esperemos que la gente nos motive, miremos en nuestro interior y busquemos allí sueños más grandes que los que hoy tenemos (si es que tenemos alguno). Soñemos con cosas más grandes de las que hemos logrado hasta ahora, pisemos tierra que todavía no hayamos pisado y hagamos aquello que nunca hicimos. Busquemos mentores con las mejores ideas para nuestra vida y automotivémonos a menudo.

Encendamos el motor interno que nos impulsa a ir por más y, cuando logremos cinco, propongámonos ir por diez. Si nos automotivamos a diario y seguimos soñando, conseguiremos que los miedos no nos guíen. Aprendamos a automotivarnos y digamos: «Tengo miedo, pero tengo un sueño más grande que mis temores.» Soñemos un sueño más grande que nuestro miedo más grande y, más temprano que tarde, lo lograremos.

- **No apresurarnos a interpretar las situaciones**
  Toda situación puede tener varios significados. Se-

gún la historia bíblica, un joven llamado José, con apenas 17 años, soñó que iba a gobernar una nación. Les contó el sueño a los hermanos y ellos, por celos y envidia, lo tiraron a un pozo para matarlo. Pero uno de los hermanos sugirió venderlo como esclavo a unos egipcios que pasaban por allí. Así lo hicieron y los mercaderes se llevaron a José a esa tierra. Un pozo no es un lugar agradable, pero puede significar un cambio de ruta, un antes y un después. Gracias a ese pozo, vinieron los compradores que lo llevaron a Egipto y en ese sitio lejano José alcanzó su sueño de gobernar. La situación negativa que estamos viviendo hoy puede parecer un pozo, pero quizá sea el mejor momento que Dios preparó para llevarnos a nuestro destino.

Por eso, siempre deberíamos procurar ver más allá. Una determinada situación que parece la peor puede terminar siendo la mejor. Perder un trabajo puede parecer trágico, pero en otro plano puede significar un cambio que nos lleve a cosas grandes y extraordinarias. Cuando atravesemos una situación difícil, nunca permitamos que la gente la interprete. Mirémosla con nuestros propios ojos buscando su significado verdadero.

Continuando con la historia, José fue acusado injustamente y terminó en la cárcel. Tampoco era un lugar agradable, pero había allí dos presos a los que les interpretó sus sueños. Uno de ellos salió antes de la cárcel. Ese hombre volvió a trabajar para el faraón. El rey de Egipto tuvo un sueño preocupante y se lo contó. El expreso le habló de José y de cómo había interpretado sus sueños en la cárcel. Lo mandaron llamar. José le interpretó el sueño al faraón y terminó siendo su hombre de confianza, el más poderoso de Egipto después del rey.

«La cárcel» que a veces parece una enfermedad, una crisis de pareja, la pérdida de un ser querido, o cualquier otra adversidad, puede llenarnos de miedo. Pero más allá de la apariencia puede ser el comienzo de una nueva vida colmada de felicidad.

Cuando, en lugar de apresurarnos, logramos administrar los miedos podemos reconocer lo que no vemos pero creemos que sucederá. ¡No tengamos temor, elijamos tener esperanza!

«Si supiera que el mundo se acabará mañana, incluso hoy plantaría un árbol.»

Martin Luther King

4

MIEDO A LA VEJEZ

1. LA VEJEZ TIENE MALA PRENSA

Cuando éramos pequeños, nos hablaban del «viejo de la bolsa». No era «el joven de la bolsa», porque en el imaginario popular los que tienen la bolsa y dan miedo siempre son los viejos. Lo mismo sucede en los cuentos: las brujas son viejas feas y malas; mientras que las hadas son jóvenes y bonitas. Es decir, juventud es igual a belleza y vejez es igual a fealdad.

Cuando llegan a los cuarenta años, muchas personas comienzan a sentir miedo a la vejez. La vejez tiene mala prensa en nuestra cultura, pues es sinónimo de soledad, enfermedad y muerte. La crisis de la mitad de la vida, entre las mujeres, se debe básicamente al temor de perder la belleza. Los varones, en cambio, en esa etapa temen perder la potencia.

¿Cuándo empezamos a sentirnos viejos? Según un conocido chiste, somos viejos cuando por primera vez:

- Nos tratan de usted.
- Le guiñamos el ojo a una chica y ella nos da un pañuelo para limpiarnos la basurilla del ojo.
- Recibimos como regalo de cumpleaños una crema antiarrugas, tintura para el cabello y un bastón de madera importado.
- Alguien nos echa un piropo... y sentimos ganas de levantarle un monumento conmemorativo.
- Miramos los vaqueros de nuestras hijas y nos preguntamos: «¿Cómo puede ser que alguna vez yo entrara en este pantalón?»
- Le contamos a todo el mundo que hemos ido al gimnasio.
- En nuestra mesilla de noche hay más medicamentos que cualquier otra cosa.
- Cuidar nuestro jardín es el aspecto más importante de nuestra vida.

2. MITOS SOBRE LA VEJEZ

Según expertos en gerontología, existen varios mitos sobre la vejez que necesitamos derribar si queremos vivir de manera plena y satisfactoria cada etapa de nuestra vida. Estos son tres de los más comunes:

I. Perder la juventud es perderlo todo

Falso. ¿En qué etapa de la vida tenemos todo? En ninguna, siempre tenemos cosas pero nos faltan otras (o así lo percibimos). Se piensa que las personas mayores tienen carencias, pero la realidad es que siempre sentimos que nos falta algo. ¿En qué etapa somos cien por cien felices? Alguno dirá que en la niñez, pero en muchos casos, y por diversas circunstancias, no es así.

Lo que ocurre es que un adulto mayor mira hacia atrás e idealiza a los jóvenes. Pero ¿recordamos cómo era nuestra vida en la adolescencia? Seguramente teníamos acné y no estábamos contentos con nuestro cabello ni con nuestro cuerpo. Nos enamorábamos de alguien y no éramos correspondidos. Todos tuvimos algún tipo de sufrimiento en nuestra adolescencia, aunque ahora nos riamos de ello.

La mayoría de las personas piensan que perder la juventud es perderlo todo, pero la vejez no es, de ningún modo, el fin de la vida. El fin de la vida es la muerte, la vejez es solo una etapa más. El problema aparece cuando nos anclamos en alguna etapa del pasado, creyendo que fue mejor, y nos negamos a avanzar. Hay personas mayores que recuerdan su infancia y juventud constantemente, y eso es porque dejaron el ancla emocional allí. Tenemos que levantar el ancla cuando ingresamos en una nueva etapa pues la vida es un fluir continuo. Ninguna etapa es mejor que otra. Todas las etapas

«¿Que cuántos años tengo? ¡Qué importa eso! ¡Tengo la edad que quiero y siento! La edad en que puedo gritar sin miedo lo que pienso, hacer lo que deseo sin miedo al fracaso o al qué dirán... Tengo la experiencia de los años vividos y la fuerza de la convicción de mis deseos. ¡Qué importa si cumplo cuarenta, cincuenta o setenta! Lo que importa ¡es la edad que siento!»

Mafalda

de la vida tienen su encanto y es nuestra tarea descubrir dónde está ese atractivo para ser capaces de disfrutar la etapa en que nos encontramos. Cada año es una medalla más que cuelga sobre nuestro pecho. ¿Cuántas medallas tenemos acumuladas?

II. La vida comienza a los cuarenta

Falso. ¿Cuándo empieza la vida? Cuando nosotros decidimos que empiece. Hay mucha gente que se muere en vida, antes de dejar este mundo. Hay gente que todavía no empezó a vivir porque la vida no empieza a los cuarenta, ni a los cincuenta, sino cuando uno declara: «A partir de hoy empiezo a vivir» y organiza proyectos que lo mantienen activo y entusiasmado. Si pensamos que la vida comienza a los cuarenta es porque siempre miramos hacia atrás...

A los treinta años, miramos al de veinte y nos parece más joven y atractivo que nosotros. A los cincuenta, el de treinta nos parece un chaval. A los sesenta, viendo al de cuarenta suspiramos, pensando que nos gustaría ser así de jóvenes. No deberíamos mirar hacia atrás, sino siempre hacia delante. La vida está delante. La vida comienza corriendo y termina caminando porque nacemos con fuerzas, que son evidentes en la infancia y la juventud, y acabamos disminuyendo la velocidad porque nuestro cuerpo se va desgastando. La razón para ello es que en esta etapa estamos listos para disfrutar del paisaje. Lo importante no es correr o caminar, sino seguir adelante y hacer aquello que tenemos que hacer a cada edad. La vida no empieza a los cuarenta (ni a ninguna otra edad), sino cuando tomamos la decisión de vivir y disfrutar plenamente, pase lo que pase a nuestro alrededor.

«La esperanza es el sueño del hombre despierto.»

Aristóteles

III. La vejez nos convierte en personas poco atractivas

Falso. Hasta los treinta años, el rostro que uno tiene no es responsabilidad propia. Pero después de esa edad, sí que lo es. Todas las emociones, después de los treinta, las «guardamos» en nuestro rostro. Podemos poner nuestras emociones en el rostro, guardando en el mismo nuestras expresiones de rabia, de miedo, etc. ¡Somos responsables del rostro que tenemos! Pero lo cierto es que, cuando uno mira a la gente joven, también ve gente cuyo rostro no es fresco. Hoy en día hay gente joven, muy joven, que tiene tanto dolor, tanta ira acumulada, que todo eso se hace visible a pesar de sus escasos años de vida.

3. CÓMO ENFRENTAR LA VEJEZ

- **Despertar a nuevos proyectos extraordinarios**
Si estamos con vida, todavía tenemos mucho por hacer en este planeta. Si queremos mantenernos jóvenes a través de los años, despertemos a sueños más grandes que todo lo que hayamos logrado hasta ahora. Propongámonos hacer cosas que nunca hicimos antes, sea por la razón que

sea. Cuando despertamos a la vida, a nivel emocional y espiritual, siempre es para tener logros mayores. No importa la edad, sino hacia dónde vamos. Nuestra personalidad no se destruye con el tiempo, sino que se pule y se mejora un poco más cada día.

¿Alguna vez nos pasó que teníamos algo importante que hacer y nos quedamos dormidos? ¡No nos quedemos dormidos! Despertemos. Imitemos a los niños y los jóvenes que no duermen o se despiertan de madrugada, cuando están emocionados y expectantes por algo que van a hacer al día siguiente. Porque creen que los espera algo nuevo y positivo. Para mantenernos jóvenes, no pongamos más excusas, y construyamos lo que nadie ha construido, logremos lo que nadie ha logrado, pisemos lo que nadie ha pisado. Sea lo que sea que nos haya dormido, es hora de despertar a la vida y los grandes sueños.

- **Creer que siempre habrá recursos y revanchas**

El gran temor de mucha gente, con el paso del tiempo, es no contar con los recursos necesarios para sostenerse en la vejez. Aun cuando haya hijos que puedan ayudar a sus padres, «el jubilado» siempre es visto como alguien que pasa necesidades y necesita la ayuda de familiares o del Estado para sobrevivir. Pero si anhelamos una vejez plena en todos los sentidos, tenemos que alimentar pensamientos de este tipo:

¿Qué habrá a los cincuenta en mi vida? Recursos y revancha.

¿Qué habrá a los sesenta en mi vida? Recursos y revancha.

¿Qué habrá a los setenta en mi vida? Recursos y revancha.

¿Qué habrá a los ochenta en mi vida? Recursos y revancha.

¿Qué habrá a los noventa en mi vida? Recursos y revancha.

No importa la edad, no importa la salud, no importa de dónde venimos. Siempre podemos elegir creer que tendremos la oportunidad de hacer lo que ayer no pudimos hacer, es decir, nuestra revancha. Estemos jubilados o seamos pensionistas, comencemos a pensar en recursos y revancha. Aún es posible soñar y esperar lo mejor. Pero para que un sueño se cumpla, tengamos la edad que tengamos, no hay que concentrarse en las cosas perdidas, sino disponerse a ir detrás de lo nuevo. Y esa actitud positiva ante la vida traerá la salud perdida, la riqueza perdida, las oportunidades perdidas, el tiempo perdido, los amigos perdidos.

> «Los años arrugan la piel, pero renunciar al entusiasmo arruga el alma.»
>
> Albert Schweitzer

Un objeto sin sueños es una herramienta, pero un objeto con un sueño es un arma de guerra. ¡Cuánto más un ser humano! Los mayores que no se vuelcan a la queja, ni a los chismes ni a la tacañería, y eligen perseguir un objetivo grande, aun en esta etapa maravillosa de la vida experimentan cosas extraordinarias. Las mujeres no son objetos decorativos para el placer de los ojos masculinos. Los hombres no son supermachos para el placer de las mujeres. Ambos somos soñadores, capaces de lograr todo lo que nos atrevamos a ver y creer.

• **Cultivar nuestra vida interior**
Podemos dedicarnos a hacer todo lo que deseamos en este mundo, pero no podemos olvidar que, además de un cuerpo físico, tenemos un espíritu que necesita atención y cuidado.

Está comprobado que las personas mayores que han cultivado su ser interior, que no se han olvidado de quiénes son en realidad, tienen la capacidad de disfrutar más y mejor de la última etapa de su vida.

> «Solo en medio de la actividad desearás vivir cien años.»
>
> **Máxima japonesa**

Fuimos diseñados para vivir en plenitud y desarrollar nuestra capacidad en cada área de nuestra vida.

• **Pelear por lo nuestro**
Los soñadores suelen encontrar oposición, pero a todos los caracteriza el hecho de que saben pelear por lo suyo. Muchos adultos mayores se preguntan:

¿Tendré una familia (propia o ajena) que me acompañe? Peleemos por esa familia, llevándonos bien con todo el mundo.

¿Tendré buena salud? Peleemos por nuestra salud, cuidándola desde la juventud.

¿Tendré una vida plena? Peleemos por la clase de vida

que nos gustaría tener desde que somos jóvenes, y si no lo hemos hecho antes, ¡nunca es tarde!

Es posible vivir una vejez trascendente. Trascender no es que aparezca nuestro nombre en una revista, ni escribir un *best-seller*, ni que la gente nos conozca. Trascender es pasar por la vida de alguien que tiene la vida dañada y dejarlo en un nivel superior. Trascender es disfrutar a cada paso con recursos, excelente salud y la mejor compañía. Y, sobre todo, dejar una herencia inolvidable para las futuras generaciones.

¡No nos conformemos con menos!

> «La esperanza le pertenece a la vida, es la vida misma defendiéndose.»
>
> **Julio Cortázar**

5

FOBIAS Y ATAQUE DE PÁNICO

1. LOS TRASTORNOS DE ANSIEDAD

Todos los seres humanos sentimos miedo. El miedo es una emoción normal que surge ante un peligro real. Pero cuando alguien siente temor ante un peligro que solo existe en su mente, este se convierte en algo tóxico y constante para terminar siendo una fobia que nos limita la vida y que incluso puede causar ataques de pánico.

¿Por qué algunas personas tienen trastornos de ansiedad? Hay una fórmula en psiquiatría que explica y resume cuáles son los factores que se combinan para que una persona padezca trastornos de ansiedad:

Personalidad vulnerable + factores estresantes = ansiedad

La personalidad vulnerable es característica de individuos que poseen un alto nivel de exigencia y responsabilidad, que tienen tendencia a controlarlo todo.

Los factores estresantes pueden ser la pérdida de un ser querido o un trabajo, una pelea con el jefe, etc.

Cuando ambas cosas se combinan, arrojan como resultado una intensa ansiedad.

Todos somos ansiosos. La ansiedad no es preocupante mientras esté regulada; el problema surge cuando la ansiedad permanece en el tiempo y en exceso, cualitativa y cuantitativamente en exceso. Es entonces cuando pueden llegar las fobias, los ataques de pánico, etc.

2. FOBIAS: UN MAL DE NUESTRO TIEMPO

Las fobias son uno de los males de este siglo. Cuando el miedo, que es una reacción normal ante un peligro real, cobra más intensidad al punto de alterar nuestras conductas y rutinas, se convierte en fobia.

¿Cuál es la diferencia entre miedo y fobia? La intensidad de la emoción que se experimenta. Definimos fobia como «un miedo persistente y exagerado». Quien la sufre evita ciertas situaciones o huye de ellas.

La persona que padece miedos excesivos y persistentes, para tratar de librarse de ellos, evita las situaciones que los disparan, dependiendo de cada persona. Pueden ser ciertos animales, la sangre, volar en aviones, los lugares cerrados, la oscuridad, incluso la gente. Por lo general, la fobia es la respuesta, el llamado de atención de una persona que tiene emociones sin sanar y las viene arrastrando desde hace mucho tiempo. El fóbico suele ser muy autoexigente, extremadamente responsable, un excelente líder, ansioso e hiperactivo.

¿Cuál es la raíz de la fobia? La mayoría de las personas fóbicas han tenido padres sobreprotectores, de quienes recibieron el mensaje de que el mundo era un lugar peligroso. Por eso, se convierten en personas elusivas, que esconden sus emociones. Si es necesario, modificarán todo su ambiente físico y social para adaptarse mejor al mundo que deben enfrentar.

Estas son las principales características de una persona que experimenta fobia:

- Acusa un elevado nivel de estrés.
- Es exigente consigo misma y con los demás.
- Es ansiosa y no lo disimula.
- Es hiperresponsable.
- Posee la capacidad de liderar a otros.
- Es hiperactiva.
- Fue sobreprotegida en su niñez.
- Recibió este mensaje: «¡Cuidado! El mundo es peligroso.»

La persona que experimenta una fobia hará todo lo posible por esconder sus emociones y justificar sus acciones. A veces también intentará modificar su entorno físico y social, con la esperanza de adaptarse a las circunstancias a que se enfrenta. Por ejemplo, si tiene fobia a espacios desconocidos, buscará la manera de que todas sus actividades se realicen en su casa o en la de alguien donde se sienta a gusto. Si bien el fóbico es consciente de que su temor es exagerado y llena de angustia toda su vida, no puede actuar para superarlo. Es más, el solo pensar en tener que enfrentarlo le provoca un gran sufrimiento a nivel psicológico. En algunos casos, ese sufrimiento puede provocar algunos de los siguientes síntomas:

- Palpitaciones.
- Transpiración (aunque no haga calor).
- Mareos.
- Sequedad de boca.
- Cansancio extremo (sobre todo por la noche).
- Temblores incontrolables.

Si nos sentimos identificados al leer estas líneas, o conocemos a alguien que sufra de fobias, hemos de saber que, por traumática que parezca una situación, siempre hay una salida. Lo importante es reconocer el problema, luego buscar ayuda y hacer todo lo que esté a nuestro alcance para salir adelante, sin preocuparnos por el qué dirán.

3. EVITEMOS EVITAR

¿Qué puede hacer una persona cuando tiene fobia? Básicamente dos cosas:

- Evitar lo que le causa fobia.
- Buscar la ayuda de alguien que le ayude a calmar ese miedo irracional.

Paradójicamente, cuanto más evitamos lo que tememos, más crece el miedo. O sea, evitar no resuelve el problema, sino que lo agudiza.

Lo mejor que podemos hacer frente a estos trastornos es someternos a una terapia de tipo cognitivo-conductual. Es una terapia muy eficaz, breve, donde la persona va trabajando sus pensamientos, creencias, etc.

Evitemos evitar, tenemos que afrontar, buscar ayuda profesional y seguir un tratamiento. Las fobias achican nuestro mundo social y emocional, tenemos que proponernos resolverlas y seguir adelante.

> «Algunas cosas están bajo nuestro control y otras no. Solo tras haber hecho frente a esta regla fundamental y haber aprendido a distinguir entre lo que podemos controlar y lo que no, serán posibles la tranquilidad interior y la eficacia exterior.»
>
> Epicteto

Los seres humanos tendemos a evitar los riesgos porque creemos que nos puede ir mal. Pero no podemos permitir que una fobia u otra forma de esclavitud mental nos derrote. La decisión de enfrentar los miedos que nos paralizan es un primer paso para descubrir la causa de esa fobia en nuestra vida, aunque ese descubrimiento nos provoque dolor.

Debemos atrevernos a aceptar el desafío de enfrentar nuestros miedos más profundos y saber que, una vez que los hayamos superado, nos convertiremos en personas más fuertes, con la capacidad de ayudarnos a nosotros mismos y a los demás.

Veamos algunas ideas prácticas para enfrentar y superar las fobias:

- Reconocer que tenemos miedo. ¡No hay que tenerle miedo al miedo!
- Aprender a desechar todos los miedos irracionales y reemplazarlos por emociones positivas.
- Confiar en nosotros mismos. A veces nos resulta más sencillo confiar en los demás.
- Mirar al miedo a los ojos, para comprobar que no es tan terrible como parece.
- Generar pensamientos que nos muevan a la acción.

Y, sobre todo, nunca darnos por vencidos ni resignarnos a vivir con una fobia que limite nuestra vida y nos impida ser felices. La libertad y la felicidad siempre comienzan con una decisión.

4. FOBIA SOCIAL

Un tipo de fobia, que debemos distinguir de la introversión, es la social. Todos tenemos algún grado de timidez, podemos ser más reservados en alguna situación, pero, a pesar de ello, avanzamos. Esa timidez no es inhabilitante.

El introvertido muchas veces es malinterpretado y etiquetado como antipático, cuando en realidad no lo es. Se trata de una persona que disfruta de su mundo interno y no tiene angustia. En cambio, quien tiene fobia social siente un miedo persistente a ser evaluado, criticado y humillado por los demás.

La fobia social suele causar miedo a:

- Hablar en público.
- Tener una cita amorosa.
- Comer delante de otras personas.
- Tocar un instrumento.
- Estudiar en grupo.
- Rendir un examen.
- Ir a una fiesta.
- Caminar por la calle.
- Hablar por teléfono.

Cuando una persona tiene alguna clase de inhibición, le cuesta expresarse y funcionar en grupo, y comienza a observarse a sí misma para no equivocarse. Esta actitud la lleva a experimentar hipervigilancia, que es justamente lo que provoca que se cumpla el gran miedo que tiene a cometer un error.

¿Cómo podemos ayudar a alguien con fobia social? En primer lugar, respetando el miedo que tiene. No deberíamos minimizarlo de ninguna manera.

¿Cómo puede alguien superar la fobia social? Cuando una persona se autoobserva, todo se magnifica, al igual que la respiración o los procesos corporales. Entonces debería comenzar por no mirarse tanto. También es bueno esforzarse por dejar atrás, poco a poco, el miedo al error. Cuando incorporamos el error a nuestra vida, somos capaces de reírnos de nosotros mismos y relajarnos.

Es bueno tener presente que es imposible caerle bien a todo el mundo. Siempre vamos a encontrar personas que nos van a querer y otras que no. Así podremos seleccionar las miradas que nos interesan y descartar las que no son importantes para nosotros.

Un ejercicio sencillo que recomiendan los terapeutas a alguien que teme hablar en público es concentrarse en el otro. Quien tiene un grado exacerbado de timidez, como ya mencionamos, desarrolla el hábito de autoobservarse. La persona debe sacar la mirada de sí misma y orientar el radar hacia fuera, proponiéndose conocer más al otro y poner el foco en los demás. Esto hace que la ansiedad interna disminuya y pueda fluir.

La terapia cognitiva conductual también es aconsejable para las personas con este tipo de fobia porque en ella se trabaja de forma específica con un pronóstico altamente positivo.

Todos los seres humanos tenemos fortalezas y debilidades. Hagamos una lista de ambas cosas y concentrémonos en nuestros puntos fuertes, sin ignorar los débiles, sino aceptándolos y encajándolos con humor. Es decir, logrando un equilibrio.

Y recordemos que no tenemos que rendir examen ante los demás ni esperar que nos puntúen. ¡Nadie piensa tanto en nosotros como solemos creer! Nadie es perfecto, todos somos falibles y no hay nada mejor que ser libres de la gente.

> «El temor agudiza los sentidos. La ansiedad los paraliza.»
>
> Kurt Goldstein

5. EL PÁNICO

Las fobias pueden venir acompañadas de ataques de pánico. ¿Qué es un ataque de pánico? Es una sensación de terror intenso asociado a la muerte; la persona literalmente siente que se va a morir. Muchos lo han sentido en algún momento de su vida durante períodos breves, pero cuando ese estado persiste más de un mes ya no hablamos de ataque de pánico, sino de trastorno de pánico. En este caso, esa sensación de miedo intenso viene acompañada de reacciones físicas como transpiración, ahogo, mareo, dificultad para respirar, y esos síntomas provocan a su vez otros miedos:

- Miedo a tener una enfermedad cardíaca: muchas personas con ataques de pánico consultan cardiólogos y se hacen chequeos porque creen que sus síntomas son causados por un mal funcionamiento del corazón.
- Miedo a la asfixia: la persona siente que se va a aquedar sin oxígeno.
- Miedo a desmayarse, a perder el conocimiento.
- Miedo a enloquecer.

Con respecto a este último miedo, hoy en día sabemos que el ataque de pánico no trae locura. La persona con trastornos de ansiedad y ataques de pánico no puede sufrir una psicosis por ello. Esto es muy importante tenerlo claro.

¿Qué podemos hacer frente a un ataque de pánico?

- Concentrarnos en el momento, en lo que estamos viviendo, en el aquí y ahora.
- Inspirar, retener el oxígeno y contar hasta cinco, exhalar lentamente y hacer algo que nos ayude a rebajar un poco la ansiedad. Por ejemplo, escribir qué sensaciones estamos teniendo, cuánto tiempo nos está durando. Y, sobre todo, saber que el ataque de pánico pasa; el pronóstico en los tratamientos es excelente.

6. NO TENER MIEDO AL MIEDO

«Lo único a lo que debemos temer es al temor.»

Franklin D. Roosevelt

A continuación, algunas técnicas sencillas para desterrar el miedo irracional:

- **Reemplazar los miedos infundados por emociones verdaderas**
Por ejemplo, en lugar de decir «Tengo que dejar de pensar en esto», reemplacemos esa idea por otra positiva, como «Voy a organizar mis próximas vacaciones». No podemos cambiar las conductas ajenas, pero tenemos control sobre las propias y sobre nuestra mente.

- **Confiar en uno mismo**
Al centrarnos en nuestros puntos fuertes, nuestra autoconfianza crecerá y eso afectará a nuestra conducta y a la manera de enfrentar la vida, incluidos los miedos.

- **Aceptar que tenemos miedo**

¡No hay que tenerle miedo al miedo! Si tenemos miedo al actuar, significa que estamos avanzando, porque el miedo es el acompañante de los triunfadores.

> «Libérate de la ansiedad, piensa que lo que ha de ser será, y sucederá naturalmente.»
>
> Facundo Cabral

Solo reconociendo los miedos podremos superarlos. Miremos nuestros miedos de frente, no los ocultemos ni huyamos de ellos. No permitamos que aumenten en nuestra imaginación. En cambio, elaboremos pensamientos de solución. Los miedos estarán con nosotros toda la vida, pero, si nos atrevemos a enfrentarlos, nos daremos cuenta de que ese león no rugía tan fuerte ni era tan poderoso como creíamos.

> «Aquel que no es lo suficientemente valiente para tomar riesgos no logrará nada en la vida.»
>
> Muhammad Ali

Es todo un desafío enfrentar los propios miedos, reconocerlos y tomar la decisión de que no nos derribarán, sino que nos fortalecerán. Será necesario llegar al fondo de nuestras emociones para descubrir qué los disparó. Y si no somos capaces de hacerlo solos, tendremos que buscar ayuda. Lo importante es tener presente que siempre es posible ser libre y que la libertad comienza con una decisión.

6

ESTOY CANSADO, AGOTADO Y DESGASTADO

1. ¡NO PUEDO MÁS!

En estos tiempos, muchas veces oímos decir: «¡No doy más!», «¡No puedo más!» La gente siente que sus emociones y todo su ser van a estallar frente a los compromisos que se les presentan a diario. ¿Cómo evitamos entonces ese desgaste emocional que nos detiene o frena nuestros sueños y proyectos? Con una actitud de «puedo hacerlo».

La actitud tiene que ser: «Puedo hacerlo.» En una ocasión me hablaron de una joven que ante un desafío, visto el gran cansancio que tenía, decía: «No puedo hacerlo.» Pero cambió de actitud, rompió con viejos conceptos que la hacían pensar que no podría, y ahora dice: «¿Cómo lo puedo hacer?»

Esa es la actitud que necesitamos. La mentalidad de avance es decir: «¿Cómo lo voy a hacer?», ya que en nuestro interior están todas las capacidades que necesitamos para realizar los desafíos o las oportunidades que tenemos por delante. Esta respuesta no es un verso que recitamos de memoria, sino la actitud genuina de que sí lo podemos hacer.

> «La mente no tiene límites, pero sí cansancio.»
>
> Syd Barrett

Tenemos que buscar siempre la manera de hacerlo. Tenemos que estudiarlo para ver cómo. Y mientras vamos camino de hacerlo, debemos cuidarnos de no «acumular».

2. SIN ACUMULAR

Hace un tiempo, un conocido me contó el caso de una mujer que sufría ataques de pánico, sentía que se moría, que se asfixiaba y se mareaba. Tenía todos los síntomas. Esa mujer había estado en pareja durante años con un hombre muy celoso que la controlaba y maltrataba. Cuando una persona está en la guerra, su cuerpo se adapta y no siente nada. Los maratonistas no se dan cuenta de que están corriendo esforzadamente. Pero una vez que la persona sale de esa situación, el cuerpo siente el cansancio y los músculos duelen. A esa mujer maltratada, una vez finalizada su relación desgastante, su cuerpo le estaba mostrando, con toda esa ansiedad, lo que había acumulado sin darse cuenta durante años.

¿Qué le sucede a un hombre maltratador? Pues que acumuló rabia en otras áreas de su vida sin darse cuenta.

En una ocasión, alguien me dijo: «Yo no me enojo nunca pero, cuando me enojo, exploto.» Le respondí: «Te enojas un montón de veces y no te das cuenta. Entonces lo vas guardando y guardando, y así es como "de repente" en el cuerpo aparece una enfermedad.» ¿Por qué? Porque acumular nos desgasta. ¿Qué hace una persona cuando está desgastada? Deja todo. Cuando veamos a alguien que deja todo de un día para el otro, es porque está desgastado y, en lugar de pensar cómo recuperarse, elige dejar la actividad. Si lo hace, se va a recuperar, pero volverá a enfermar mientras no aprenda a resolver el problema: tiene que «aprender a no acumular». No se trata de dejar una tarea, sino de aprender a no acumular durante la tarea.

Al estar desgastadas, las personas suelen abandonar todo, sin darse cuenta de que apartándose de la acción perderán de vista todo lo bueno

> «Tomarse un tiempo cada día para relajarse y renovarse es esencial para vivir bien.»
>
> **Judith Hanson Lasater**

que hay por delante. Por eso necesitamos aprender a no desgastarnos con la gente, con las tareas, con las presiones, con los familiares, para poder disfrutar de todo lo que vendrá a nuestra vida.

3. QUEBRAR EL DESGASTE EMOCIONAL

Veamos algunas acciones que podemos emprender para mejorar nuestra calidad de vida y dejar atrás el estrés y el desgaste emocional que nos colocan en un lugar de inseguridad, incertidumbre y desazón.

a. Ser adaptables

Si no queremos desgastarnos, hemos de aprender a adaptarnos a la situación. Ser una persona adaptable no significa ser un camaleón, sino ser flexible, aprender a acomodarse al contexto donde debemos desarrollarnos para, así, avanzar y no detenernos. Una persona rígida se va a quebrar, pero si somos flexibles, nunca nos desgastaremos. A mí me ha costado mucho aprenderlo, y lo sigo aprendiendo. En cierta ocasión me llamaron para participar en un programa y me informaron del tema que se iba a tratar. Me documenté, preparé mi intervención y fui. Cuando estábamos en directo, la presentadora dijo: «Hoy estamos con Bernardo y vamos a hablar de... "otro tema"». Yo quise decirle: «Perdón, pero hace unos días me dijeron que iba a hablar de otra cosa, yo vine a hablar de ese tema porque me preparé para eso. Si no hablo de ese tema, no hablo.» Pero me contuve. Tenemos que saber que muchas veces el escenario cambia, los cambios existen; entonces, ¿qué debemos hacer frente a ellos? Adaptarnos al contexto, porque eso evitará el desgaste.

En otra ocasión viajé en coche unas cuatro horas para dar una conferencia. En el lugar donde tenía que hablar había muchísima gente y varios oradores. Cuando llegué, me dijeron: «El congreso empezó más tarde, así que vas a hablar dentro de tres horas.» Yo estaba cansado y pregunté: «¿Podré esperar en otro lugar mi turno?» La respuesta fue: «No.» Entonces pensé: ¿Qué hago? ¿Me voy o me adapto? No podía modificar la circunstancia, así que me quedé ahí sentado y, como llevaba un libro, por cierto muy bueno, me dediqué a leer. El orador que iba antes que yo habló dos horas. De pronto vino la persona que me había invitado y me dijo: «Ahora te toca, pero como este señor ha hablado dos horas, tendrás que hablar solo media hora, porque ya no tenemos tiempo.» «Pero yo preparé una charla de una hora, no de media hora», le contesté. «Perfecto, pasa y habla media hora.» ¿Qué podía hacer? Irme o hablar media hora. Y decidí hablar media hora.

A los que damos charlas nos ha pasado más de una vez que tenemos preparado un PowerPoint para mostrar y, de repente, el encargado de proyectarlo se acerca y nos dice: «Se ha estropeado el *pendrive*...» Entonces hay que tener un plan B... y un plan C... y un plan D. Cuando no perdemos el archivo, nos cambian el tema. ¿Qué hay que hacer en esos casos? Adaptarnos.

> «En un mundo tan cambiante encontramos que la flexibilidad, la posibilidad de adaptarse al cambio es más importante que la experiencia.»
>
> Daniel Goleman

Alguna vez a todos nos van a cambiar los planes en el último momento, por eso tenemos que aprender a adaptarnos.

Si voy a cenar con alguien que quiere comer pasta, ¿qué hago? Puedo decirle: «Está bien, comemos pasta», mientras pienso que yo quería comer carne y me da rabia no poder decidir por mí mismo. Pero si digo: «Bueno, comamos pasta, no hay problema» y lo disfruto, no acumulo. ¿Qué es ceder y qué es acumular? Depende del objetivo que tengamos. Si el objetivo es comer carne, tenemos que ponernos firmes y decir: «Yo quiero carne.» Si el objetivo es compartir un buen momento con el otro, podemos decir: «Comamos lo que sea, lo importante es que charlemos y lo pasemos bien.» Necesitamos tener claro nuestro objetivo.

¿Qué pasa cuando no tenemos un objetivo? Somos como el camaleón y nos sobreadaptamos. Es lo que hacen muchas mujeres que luego dicen: «Al final, yo ayudo a todo el mundo y me esfuerzo por todos, pero nadie hace nada por mí, nunca.» Esa persona no se adaptó, se sobreadaptó. ¿Por qué? Porque le falta un objetivo y su conducta diaria es postergar su propio deseo por complacer al otro.

Mucha gente suele enfermar por no saber hacer uso de sus finanzas. Supongamos que ganamos 10.000 dólares pero nuestro estilo de vida es de 20.000. Todos los meses tenemos que ver cómo conseguir otros 10.000 dólares para cubrir nuestros gastos. Y de esa manera, todos los meses vamos a acumular estrés para ver cómo obtener o financiar el dinero que nos falta. Podemos vivir así unos años, hasta que nuestro cuerpo enferme, o podemos adaptar nuestros ingresos. Si ganamos diez y tenemos un estilo de vida de veinte, deberemos adaptarnos a diez y recortar los gastos hasta que consigamos un mayor nivel de ingresos. Y así, si ante la situación que se presenta nos adaptamos, podremos vivir mucho mejor cada día.

b. Supervisar

Dios creó el mundo en seis días y el séptimo descansó. Pero al final de cada día supervisaba su creación y, al ver que era buena, seguía creando. No se confió en que el primer o el segundo día todo estaba bien y era bueno, sino que siguió supervisando todos los días. A esto se refiere el dicho «El ojo del amo engorda el ganado». A veces nos pasa que nos va bien y decimos: «Esto es muy fácil», y dejamos de ver cómo nos está yendo. Si luego hacemos el balance de nuestro negocio y vemos que hemos perdido diez clientes, habrá habido falta de supervisión y habremos llegado tarde. Deberíamos haber intervenido apenas emigró el primer cliente.

Hay gente a la que le gusta hacer autopsias. Se creen expertos forenses y aseguran: «Este se murió por esto, por lo otro y por lo de más allá.» Pero debemos supervisar antes de que se produzca una muerte. Debemos supervisar a nuestros hijos, nuestra salud y todo lo que hay en nuestra vida. Al supervisar cada día, cuando miremos hacia atrás veremos que todo nos ha salido bien, y ese placer del logro alcanzado nos dará más fuerzas para ir por nuevos desafíos sin desgastar de una manera devastadora nuestras emociones y nuestro cuerpo.

> «La prueba del líder es la capacidad de reconocer un problema antes de que se convierta en una emergencia.»
>
> John C. Maxwell

c. Priorizar

¿Qué día Dios creó al hombre? El sexto. ¿Por qué no lo creó el primero? Porque no había qué comer. Entonces, significa que Dios pensó primero hacer una cosa para luego poder hacer otra. ¿Qué podemos hacer también para no agotarnos? Priorizar. Ahora esto, luego aquello y después lo otro. Supervisar cada cosa priorizando evitará que nos desgastemos. Podemos estar cansados, pero no desgastados. El desgaste es largo y nos hace decir: «No quiero saber nada más.» Si a una persona desgastada le dicen: «Hola, ¿cómo te va?», responde: «¡Mejor no preguntes!» ¿Qué le pasó a esta persona? Acumuló mucha frustración.

> «Hay que moverse por prioridades, ese es el secreto del dominio del tiempo.»
>
> **Robin Sharma**

Necesitamos supervisar y priorizar las actividades. Saber si debemos descansar un poco más, dormir un poco más, comer un poco más. Cuidemos nuestro cuerpo y nuestras emociones pues largo camino nos resta y solo así podremos disfrutar de todo lo mejor que está por venir.

d. Hablar palabras de bien

Los grandes deportistas, los maratonistas, ¿qué hacen antes de jugar o correr? Precalentar. Antes de hacer algo, hagamos precalentamiento y declaremos: «Todo lo que haga me va a salir bien», «Tengo las capacidades para lograr lo que me espera». Todo lo malo que pensamos que nos va a pasar tiene que detenerse en nuestros pensamientos, ese miedo que nos acosa es falso, todo lo que necesitamos está en nuestro interior y si lo administramos eficazmente y aprendemos a poner freno a todo aquello que nos desgasta, la inseguridad, el miedo y el temor no formarán parte de nuestra vida. Tenemos en nuestras manos la capacidad de ser flexibles y cambiar aquello que no esperábamos por una situación favorable para nuestra vida. No se trata de negar lo malo que sucede, sino de transformarlo. Delante de un plan pequeño siempre hay un plan grande.

Centrémonos en cosas grandes. Pongamos delante el plan grande, no vale la pena que enfermemos por cosas sin sentido, hay mucho por conquistar. La motivación interna de todo lo que tenemos por delante es mucho más importante que lo que debemos dejar para gozar de una mejor calidad de vida emocional, afectiva y física.

> «La única forma de hacer un gran trabajo es amar lo que haces.»
>
> Steve Jobs

7

SIENTO QUE NO PUEDO

1. EL SÍNDROME DE INDEFENSIÓN

La persona que tiene como lema en su vida el «no puedo» es dependiente de la gente. «No me alcanza», «no tengo lo que hace falta», «necesito que me ayuden», «solo no lo voy a lograr». Esos suelen ser sus pensamientos. ¿Por qué piensa de esta manera? ¿Por qué llega a creer que el otro debe darle lo que no tiene y hacer por él (o por ella) lo que no puede? La respuesta está en lo que en psicología se denomina *síndrome de indefensión*. Lo descubrió un psicólogo estadounidense llamado Martin Seligman. Dicho síndrome consiste en que, cuando uno trata de hacer algo y no puede, no puede y no puede, se le activa la indefensión y, como resultado, va por la vida declarando: «No puedo, no puedo, no puedo.» Muchos de los que sufren depresión y sienten una tristeza profunda tienen este síndrome. Si alguien les propone: «Vamos allá», responden: «No, no puedo.»

En YouTube se ha viralizado un vídeo que muestra cómo una maestra entrega a unos treinta alumnos una hoja y les anuncia: «Os voy a dar tres palabras que tendréis que componer con estas letras. Cuando compongáis cada palabra, levantad la mano.» Enseguida la mitad de los alumnos levantan la mano porque han compuesto la primera palabra, pero la otra mitad no la levanta. Lo mismo sucede con la segunda y la tercera; solo la mitad de una treintena de alumnos levantan la mano rápidamente. Al final, la maestra les explica: «¿Sabéis qué ha pasado? A este grupo le di palabras fáciles y al otro le di dos palabras difíciles con muchas consonantes.» Es interesante el hecho de que al primer grupo le dieran tres palabras fáciles de componer y al otro, dos difíciles y una fácil. La tercera palabra era la misma para los dos grupos, pero como el segundo tuvo las dos primeras difíciles, a la tercera ya estaban bloqueados y pensaban que no lograrían hacerlo. Una muestra del síndrome de indefensión.

Nos suele ocurrir que no podemos hacer algo una, dos y tres veces, y entonces nos ataca este síndrome, que nos vuelve impotentes a la hora de enfrentar desafíos. Tal vez no hayamos podido progresar como esperábamos, ni formar pareja (o la formamos y no pudimos mantenerla), ni estudiar lo que nos habría gustado, etc. Entonces, aunque algo fácil llegue a nuestra vida, tenemos una especie de chip en la cabeza y pensamos que ¡no podemos hacerlo! Tal vez desde pequeños nos repitieron «no puedes hacerlo» y eso se convirtió en una creencia arraigada que hoy nos impide desafiarnos a nosotros mismos. Cualquiera que sea nuestro caso, es tiempo de abandonar toda indefensión y recuperar la dignidad de saber que, aunque antes no podíamos, ahora sí que podemos.

Para lograr esto, es necesario animarnos a ver nuestra propia imagen, dejar de mirar fuera y mirar hacia dentro. Es decir, encontrarnos y descubrirnos a nosotros mismos, saber quiénes somos. Una gran herramienta que nos ayuda a vernos como realmente somos es la fe: una manera de ver. ¿Cómo se ve uno a sí mismo? ¿Indefenso ante las circunstancias? ¿Bien y nada más? ¿O empoderado y capaz de lograr cualquier cosa que se proponga? La fe es una manera de ver, pero no con los ojos físicos sino con el «yo profundo» que todos tenemos. Todo lo que veamos primero invisiblemente, luego lo verán visiblemente nuestros ojos. Ese es el poder de la fe. Como el arquitecto que primero confecciona el plano sin que el edificio se vea físicamente, pero él ya lo vio en su interior.

Tenemos que vernos en nuestra mejor versión. No tenemos que ver nuestra vida para abajo, sino para arriba. La familia, las finanzas, la salud, el cuerpo, el crecimiento. Todo tiene que mejorar con cada año que pase, pero primero es preciso que lo veamos en nuestro interior para que luego se transforme en una realidad. Y así nos encontraremos haciendo todo aquello de lo que antes nos creíamos incapaces.

> «Siempre estás contigo mismo, por lo que también deberías disfrutar de la compañía.»
>
> Diane von Furstenberg

2. Una buena estima

Muchos temen los desafíos. Por lo general, se trata de personas inseguras. La base de la seguridad, que nos permite enfrentar cualquier situación que la vida nos presente, es una buena estima. Es lo que se conoce también como humildad y es lo opuesto al orgullo o el narcisismo. Según tengamos una estima elevada o una estima baja, vamos a funcionar en distintos planos.

Tener buena estima es tener miedo y saber administrarlo.
Tener miedo y saber administrarlo no es sinónimo
de no tener miedo.

El miedo es necesario porque nos abre los ojos, nos pone alerta y hace que nuestro cuerpo segregue adrenalina para estar más atentos y considerar la amenaza o el peligro con mayor seriedad. Quien tiene seguridad acepta que tiene miedo, pero sabe administrarlo.

> «Un hombre no puede estar cómodo sin su propia aprobación.»
>
> Mark Twain

Entonces ese miedo no lo paraliza y puede salir huyendo, si las circunstancias lo requieren. Quien tiene inseguridad, en cambio, suele tener miedo y esa emoción lo desborda.

La inseguridad (arraigada en la baja estima) consiste en el mal manejo del miedo. Alguien seguro acepta que tiene miedo y lo administra. Alguien inseguro maneja mal el miedo y permite que este lo paralice, lo desborde, lo bloquee, lo conduzca a evitar la situación que le provoca miedo o a posponerla para más adelante.

Si queremos ser capaces de aceptar y superar desafíos, necesitamos afianzarnos en la seguridad. Porque, cuando una persona maneja bien su miedo, tiene sueños y planifica cómo alcanzarlos.

En cambio, cuando una persona maneja mal su miedo, tiene sueños pero fantasea. Se imagina, por ejemplo, cantando en un estadio de fútbol abarrotado, se imagina con hijos, se imagina veraneando en el Caribe... pero todo eso son solo fantasías y sueños inalcanzables. ¿Por qué la persona insegura tiene sueños inalcanzables? Por no atreverse a lograrlos y después justificarse (porque en el fondo el miedo lo ha desbordado). Una persona que tiene seguridad maneja sus miedos, tiene sueños grandes y comienza a construir un puente, a trazar un camino, para alcanzarlos. Justamente, el lema de una persona segura es: «Yo puedo.» Y el lema de un inseguro es: «No me atrevo.» Por eso, este último queda trabado.

> «En realidad, son nuestras decisiones las que determinan lo que podemos llegar a ser, mucho más que nuestras habilidades.»
>
> J. K. Rowling

Estas son algunas de las características de una persona con buena estima:

• **Corrige el error y sigue adelante**

Una persona insegura resalta el error, lo agranda, lo exagera, lo repasa, lo repite, lo cuenta. ¿Por qué? Porque

> «La baja autoestima es como conducir por la vida con el freno de mano puesto.»
>
> Maxwell Maltz

tiene un mal manejo del miedo, a diferencia de una persona con seguridad, que sabe administrarlo.

• **Tiene jefes, pares y subalternos**

La persona segura puede valorar las capacidades de todos y las de sí misma. Una persona temerosa coloca a todo el mundo arriba. Todos son jefes, pero no porque tengan la capacidad para ello, sino porque, al ser inseguro, idealiza a los demás. Entonces todo el mundo le da órdenes, él queda resentido y después explota en ira.

• **Aprende del pasado y lo transforma en experiencia**

Una persona insegura rumia el pasado, resalta los errores, no puede quitárselos de la cabeza, y dice: «Yo me acuerdo que me equivoqué...», y vive repitiéndolo, justamente por el mal manejo del miedo. La persona segura acepta el error y aprende de él para no volver a cometerlo.

• **Busca tener cosas, pero estas son solo herramientas**

Para la persona segura el dinero es una herramienta, la ropa es una herramienta, el coche es una herramienta, etc. Por eso no pone afecto de ningún tipo en las cosas, sino que las usa, las disfruta y comparte. Una persona insegura pone afecto en las cosas. Pone un plus de autoestima o de seguridad en el dinero, la ropa, el coche y en todo lo material.

- **Siempre va por más**

Una persona segura piensa: «Me lo merezco y lo voy a disfrutar.» Una persona desbordada por su miedo piensa: «No me lo merezco.» Y así, si le regalan un reloj, lo deja guardado en la cajita; si le regalan ropa, la guarda para una ocasión especial. Quien tiene buena estima declara: «No es mucho, puedo ir por más.» Quien tiene baja estima declara: «Este regalo es demasiado grande para mí.»

- **Resuelve los problemas**

Una persona segura tiene un problema y lo habla cara a cara para resolverlo rápidamente. A diferencia del inseguro, que lo sube a Facebook o a Twitter (porque no se atreve a expresarlo de frente). La gente que insulta y pelea en las redes sociales no se atreve a hablar personalmente con la persona indicada. Cuando alguien hable mal de nosotros, propongámosle tomar un café, y si no tiene el valor para hablar personalmente, olvidemos a esa persona. Ver un problema y resolverlo en cuestión de minutos, sin que nadie se entere, nos habla de seguridad.

3. SEGURIDAD PARA ENFRENTAR CUALQUIER DESAFÍO

Veamos algunas ideas prácticas para lograr afianzarnos ante la vida como seres humanos seguros de sí mismos:

> «Hazlo lo mejor que puedas hasta que sepas más. Cuando sepas más, hazlo mejor.»
>
> **Maya Angelou**

- **Agregar más sueños a los sueños que ya tenemos**

Muchas veces no alcanzamos un sueño porque dejamos de agregarle sueños nuevos. Al sueño que yo tengo, que estoy buscando y persiguiendo con tesón, debo agregarle algo más. Tal vez nos preguntemos: «¿Por qué no puedo lograr esto?» ¡Porque no le agregamos nuevos sueños! Con cada nuevo año, tiene que haber un sueño que se sume al que ya estamos persiguiendo. ¿Cuánto hace que a esos sueños no les agregamos otros distintos? Atrevámonos a soñar en grande y a tener cada vez más y más sueños por alcanzar. Cuando uno tiene sueños, siente que puede aceptar cualquier desafío, ya que aparecen recursos necesarios y gente extraordinaria que viene a sumar al proyecto.

- **Intentarlo, aunque nos dé miedo**

Los discursos, las palabras, no matan gigantes; solo las acciones matan gigantes. «Lo voy intentar»: nunca usemos esta frase para cosas pequeñas porque es una excusa. Por ejemplo, si nos preguntan «¿Vendréis a las ocho?» y respondemos: «Lo intentaré», quiere decir que no vamos a ir. Esa frase hay que usarla para cosas grandes. Cuando aparezcan sueños grandes, animémonos al desafío y digamos: «Sí, lo intentaré. Voy a manejar mi miedo, lo voy a administrar y lo voy a lograr.» Los cobardes le montan la historia a otros, pero los valientes escriben la suya propia. Y recordemos: ser valiente no significa no tener miedo, sino tener miedo y saber administrarlo.

No importa que nos empujen, nos volveremos a levantar. Sigamos caminando, ya hemos estados mucho tiempo detenidos, preguntándonos por qué. ¡Es tiempo de ir por nuestro gigante, aunque nos dé miedo! Cuando uno tiene mucho miedo y no lo maneja, fracasa. Es igual que rendir

> «El éxito no es algo que usted pueda pagar inmediatamente. Lo compra con un plan de cuotas y debe hacer pagos todos los días.»
>
> Zig Ziglar

un examen. Por ejemplo, tenemos tres llamados a un examen. Al primer llamado no vamos porque tememos que nos vaya mal. Al segundo tampoco acudimos porque nos da miedo. Llega el tercer llamado y, como ya no habrá más oportunidades, vamos, pero lo hacemos con tanta presión que nos va mal. Por eso, la gente que se desborda de miedo acumula fracasos. Pero hay gente que expresa: «Con miedo y todo, lo hago y lo voy a manejar.»

- **Centrarnos en nuestras habilidades**

Tal vez hemos trabajado duro por lograr un objetivo que no conseguimos alcanzar. Sin embargo, detrás de esa meta inalcanzada se esconde una fortaleza que espera ser explorada. En nuestro interior hay una capacidad que hasta ahora ignorábamos poseer, pero que pronto vamos a descubrir.

La gente que administra su miedo se centra en sus habilidades. Seguramente tenemos muchas, por eso, no es conveniente fingirnos expertos en algo que en verdad para nosotros es una debilidad. Tengamos presente que cuando nos fingimos fuertes en lo que somos débiles, nos comportamos neciamente. En cambio, cuando aceptamos nuestras debilidades, somos capaces de afirmar sin vergüenza: «Esto no lo sé hacer; esto me sale mal, pero eso otro me sale bien.»

4. Cómo activar los desafíos

A continuación, ofrecemos algunas ideas para activar los desafíos que nos presenta la vida.

- **Saber con cuánto contamos**

Ordenar nuestra vida nos capacita para enfrentar los desafíos. Debemos saber cuántos clientes tenemos (si somos trabajadores autónomos) o cuánta gente tenemos a nuestro cargo (si somos jefes), de cuánto dinero disponemos, cuántos gastos tenemos, cuántos impuestos hemos de pagar, cuánto cuestan nuestros proyectos, etc. Necesitamos saber con cuánto contamos y manejarnos con orden. Es decir, poner números a nuestros recursos. El desorden no atrae los desafíos, porque nos hace personas poco confiables. Un desafío necesita a alguien ordenado.

> «El gran desafío es llegar a ser todo lo que tenemos la posibilidad de ser.»
>
> **Jim Rohn**

- **Preparar el ambiente**

Cuando decidimos que nada nos va a desviar de nuestras metas, nos entrenamos para atravesar las situaciones difíciles. Preparar el ambiente nos hace aptos para enfrentar desafíos. Si damos gracias por todo lo bueno que hay en nuestra vida, ocurre algo mágico y se crea un ambiente positivo que no solo nos afecta a nosotros, sino a todos lo que nos rodean. Cuando hablemos con nuestra pareja, preparemos el ambiente antes. Cuando hablemos con nuestros hijos, preparemos el ambiente antes. Cuando hablemos con nuestro jefe, preparemos el ambiente antes. ¿Cómo? Adoptando la actitud correcta y no permitiendo que las emociones nos desborden, ni que lo que hacen los demás nos perturbe.

- **Disfrutar lo que tenemos**

No podemos ir hacia algo más grande (un desafío), si primero no disfrutamos lo que hay en nuestra vida. Si no sabemos cuidar nuestra bicicleta, si no la disfrutamos, no podremos saltar a algo más grande: un coche. Por lo general, algo más grande no se logra rechazando y quejándose de lo que se tiene hoy. No nos quejemos de nuestro trabajo y pidamos uno mejor, disfrutemos el trabajo que tenemos para, así, poder saltar a uno mejor. No significa resignarse, sino decir: «Agradezco las cosas buenas que tengo, pero voy a por más.» Antes de hacer cualquier cosa importante, demos gracias anticipadas por el resultado.

- **Saber que habrá provisión inesperada**

Del sitio que no esperamos, tal vez por prejuicio o por necedad, puede venir una provisión grande para aceptar un gran desafío. Las personas de las que menos esperamos tienen algo bueno para nosotros y nuestro entorno. Nos sorprenderemos y diremos: «No puedo creer que de Fulano venga exactamente lo que necesito.» Hay algo guar-

> «El indicador fundamental de un hombre no es dónde se encuentra en momentos de comodidad y conveniencia, sino dónde está en tiempos de desafío y controversia.»
>
> Martin Luther King Jr.

dado en manos de alguien que no tuvimos en cuenta, pero el ambiente positivo que hemos creado lo atraerá a nuestra vida, desde donde menos lo esperábamos.

La vida está repleta de desafíos. Si les tememos, si sentimos que no estamos a la altura, que no podemos, nuestro próximo desafío es esforzarnos por convertirnos en una persona segura, que sabe quién es y hacia dónde va, y que espera siempre lo mejor de la vida porque sabe que se lo merece. ¿Lo aceptaremos?

8

SIN MIEDO AL PASO DEL TIEMPO

1. UN PLAN MÁS GRANDE

Todos necesitamos aprender a administrar el tiempo. Todos tenemos días de veinticuatro horas y debemos administrarlas inteligentemente. Poder usar el tiempo a nuestro favor hará que seamos personas más productivas y que no le temamos al paso del tiempo. Algunos de los conflictos que las personas suelen tener con el tema del tiempo son:

> «¿Amas la vida? Pues si la amas, no malgastes el tiempo, porque el tiempo es el bien del que está hecha la vida.»
>
> Benjamin Franklin

* **Vivir en el pasado**
¿Eres nostálgico? Cuando la persona no puede ver nada hacia delante, se habrá quedado a vivir en su pasado. No le gustará vivir su presente, volverá al pasado y lo idealizará. «Qué maravillosa fue mi infancia», o «Qué

buena fue mi adolescencia», dicen algunos. Sin embargo, el ser humano tiene que construir hacia delante y albergar sueños. Es fundamental tener deseos y proyectos por delante, porque lo mejor siempre está por venir.

- **Temer al paso del tiempo**

¿Has escuchado eso alguna vez? Hay personas que no quieren mirar hacia delante porque temen lo que pueda venir. Es una postura casi adolescente. Todos los momentos son buenos porque son nuestros, pero nosotros hemos de llenar el tiempo con actividades, con proyectos trascendentes que nos motiven cada día a tener una mejor calidad de vida y también a disfrutar más de ella.

- **No tener tiempo**

Cuando una persona no tiene tiempo, es porque no ha aprendido a priorizar. Todos disponemos de veinticuatro horas diarias y en ese tiempo podemos lograr los proyectos que nos propongamos. Para ello necesitamos aprender a priorizar, porque no todo es igual de importante. Necesitamos poner orden en nuestras actividades para que, de este modo, el tiempo actúe a nuestro favor.

- **Tener tiempo de sobra**

No es que sobre el tiempo, sino que en muchas ocasiones faltan sueños y proyectos. Cuando decimos «no sé qué hacer, tengo que matar el tiempo», en realidad nos hacen faltan sueños. Cuando nos llenemos de sueños, seguramente no nos sobrará ni un minuto de tiempo.

Todas las personas necesitamos un plan para llevar a cabo. Y no tenerle miedo al tiempo. Aun aquellas cosas que no pudimos concretar, mientras tengamos vida podremos realizarlas. Necesitamos desarrollar una mentalidad de eternidad. Podemos resolver un problema temporal con mentalidad temporal; o resolver un problema temporal con mentalidad de eternidad. Si estamos atravesando un problema o una circunstancia difícil, seguramente nos parecerá algo tremendo, pero si pensamos que somos capaces de resolverlo y que con el tiempo no será algo tan grave, lo veremos desde otra perspectiva.

Necesitamos poner todo lo que nos sucede en una perspectiva de eternidad. ¿Por qué? Porque vivimos en una cultura donde no existe la mentalidad de eternidad. Todo es «ahora». «Quiero disfrutar ahora», «Quiero vivir ahora», «Quiero respirar profundamente ahora», dicen muchos. Pero necesitamos aprender a ver nuestra vida en perspectiva.

Hay catedrales que tardaron quinientos años en ser construidas. Los primeros arquitectos y constructores no las vieron terminadas, pero tuvieron mentalidad de eternidad. Ellos construyeron algo más allá de su propia generación, pensando en las venideras.

Durante un viaje a Boston visitamos la Universidad de Harvard. Nos contaron que John Harvard era un pastor al que no le iba muy bien en su tarea pastoral. ¿Qué hizo este hombre ante eso? Fundó una universidad y dijo: «Como a mí no me formaron bien y me fue mal, yo voy a hacer algo para formar bien a la próxima generación de pastores.» Así pues, la que hoy es una de las mejores universidades fue fundada por un pastor y de allí han salido los mejores hombres, las personas más ilustres a nivel intelectual. ¿Por qué? Porque el dolor no detuvo al pastor Harvard, él sabía que había un plan más grande.

2. A MEDIDA QUE CRECEMOS

A lo largo de toda la historia, la humanidad se ha visto enfrentada a diferentes episodios y circunstancias de extrema gravedad que acarrean vulnerabilidad y ruptura emocional. Esas situaciones pueden ser colectivas, como guerras, epidemias o terremotos, o individuales, como accidentes, enfermedades o abusos de toda clase. Estas son situaciones que derivan posteriormente en un *vivir con miedos*.

La forma de reaccionar a esta adversidad, ya sea colectiva o individual, es sumamente variable: resignación, abandono o desánimo en algunos casos, inconformismo o fuerza interior para recuperarse en otros. Por eso es tan importante el esfuerzo que hagamos para vencer cada miedo que venga a nuestra mente, ya sea real o imaginario.

Todos experimentamos diferentes miedos durante la vida. Los miedos ante peligros reales nunca deberíamos superarlos. ¿Por qué? Porque son emociones que nos alertan y permiten que abramos los ojos, que la respiración sea más profunda y que la sangre se movilice para que seamos capaces de atacar o huir. Pero también podemos tener miedos que no son reales y, aun así, se van consolidando con el tiempo.

a. Los miedos en la infancia

Los psicólogos especializados en psicología evolutiva nos dicen qué a lo largo de la vida, en términos generales, vamos teniendo una serie de miedos.

En los bebés, los miedos son innatos. Por ejemplo, temen los ruidos fuertes y también los objetos que se acercan rápidamente. Acariciarlos y tenerlos en brazos los calma y les brinda seguridad.

Alrededor de los dos o tres años, a los miedos anteriores se le suma el miedo a la separación. Esta es la razón por la que los pequeños no se dejan tomar en brazos por personas que les resultan desconocidas. Ellos distinguen a las personas que conocen de las que no conocen. Saben perfectamente quién es su mamá y quién su papá, y no quieren separarse de ellos. Durante esta etapa también tienen miedo a los animales (debido a sus movimientos y ruidos).

A los tres o cuatro años, además del miedo a los ruidos, a los desconocidos y a los animales, también tienen miedo a la oscuridad y a quedarse solos, porque saben que dependen de los demás. Tienen miedo a los seres imaginarios (fantasmas, monstruos, etc.), ya que no distinguen la realidad de la fantasía, y también a las tormentas. Estos miedos son los que más persisten en el tiempo.

A partir de los seis hasta los once años aproximadamente, sigue presente el miedo a los fantasmas; sin embargo, los otros miedos empiezan a remitir poco a poco. Los principales miedos se dan ahora en el ámbito de la escuela y la familia. En esta etapa los niños tienen miedo a:

- Ser ridiculizados.
- Las exigencias de los padres.
- El rechazo (confunden crítica con rechazo).

Para ayudarlos, lo mejor que podemos hacer los padres es mostrarles que son amados y protegidos. Debemos elogiar sus logros, enseñarles a tener fe en sí mismos y hacerles sentir que son apreciados con frases como: «¡Qué bien que has hecho esto!», o «¡Qué grande eres!» (a los niños les gusta sentirse grandes). Si tuvimos la fortuna de haber sido criados sanamente, seremos capaces de reconocer los perjuicios de amedrentar al niño. Muchos padres no saben que esta forma de cuidar no es beneficiosa para criar hijos sanos, libres y fuertes. Como adultos, necesitamos reconocer cuándo este tipo de cuidado se convierte en tóxico para nuestros hijos, pues los limita y los aleja de sus metas.

b. Los miedos en la adolescencia

Los adolescentes tienen miedo a:
- La identidad.
- La desaprobación de sus iguales.
- El futuro.

¿Cómo podemos ayudar para que nuestros hijos adolescentes no sean presa de sus miedos?

En primer lugar, evitando ridiculizarlos, por ejemplo, diciéndoles: «¡Venga, miedica!» Siempre tenemos que alentarlos, aunque sin empujarlos a hacer algo que teman hacer. Dar ejemplo también es un punto a tener en cuenta, ya que tanto el miedo como el valor son contagiosos.

Tampoco debemos sobreprotegerlos con actitudes como: «Deja que ya lo hago yo.» Y nunca tenemos que transmitirles nuestros miedos. ¡Los hijos no son nuestros confesores, amigos, socios, psicólogos o contables!

c. Los miedos en la adultez

Con el paso del tiempo, ciertos miedos desaparecen pero otros permanecen, e incluso pueden crecer. La mayoría de la gente tiene miedo a:

- Enfermar.
- Morir o perder a una persona cercana.
- Quedarse solo.
- Perder el trabajo.
- Ser asaltado.
- Viajar en avión.
- No ser amado.
- Envejecer.
- Hacer el ridículo.

Muchos llegan a obsesionarse con cosas que podrían ocurrir (pero que nunca ocurren). Así, malgastan en una preocupación irreal la energía que bien podrían aplicar en perseguir sus metas y objetivos, es decir, en la vida que tienen por delante. Si bien vivimos épocas complicadas y necesitamos tomar algunas precauciones en cuanto a seguridad personal, no podemos vivir con miedo a lo que nos pueda pasar.

Hay miedos perfectamente normales, y los adquirimos de chicos, como ya mencionamos. El problema surge cuando, ya adultos, seguimos aferrados a miedos que nos paralizan y nos impiden avanzar. Por ejemplo, el miedo a no tener lo suficiente para nuestra manutención, o a reproducir una situación que tuvo lugar en nuestra familia, como una enfermedad mental. Se trata de *miedos tóxicos* que no nos dejan funcionar con normalidad y, lo queramos o no, nos empujan a tener algunas de las siguientes reacciones:

- **Recordar un acontecimiento con todos sus detalles**
Hay personas que pasan toda la vida contando a los demás cómo sus padres les pegaban porque no se acababan la comida, o porque destrozaban cosas en la casa, o porque los adultos tenían problemas y los pequeños pagaban el pato. Y hacen de ello su tarjeta de presentación.

- **Suprimir o bloquear en la mente un trauma vivido**
La persona que tiene esta conducta intenta eliminar las emociones negativas asociadas al hecho, es decir, evita tener dolor emocional. Olvida lo que le ocurrió o, si lo recuerda, deja los detalles de lado y es capaz de relatarlo sin mostrar sentimiento alguno. Se trata de un mecanismo que en psicología se conoce como *disociación*, por el cual se suprime (y se reprime) la emoción causada por la experiencia traumática.

«La experiencia es una de las causas del éxito o el fracaso. No sufrimos el impacto de nuestras experiencias llamadas traumas, sino que las adaptamos a nuestros propósitos.»

Alfred Adler

- **Experimentar sentimientos de hipervigilancia**

La mayoría de la gente que sufre un robo violento o un ataque a su persona, al menos por un tiempo, experimenta hipervigilancia: mira para todos lados, desconfía de todo el mundo y no logra relajarse, incluso en su propio hogar. En estos casos, es fundamental buscar ayuda profesional para superarlo y que no termine convirtiéndose en un estado de paranoia y persecución permanente.

- **Tener imágenes mentales repetitivas del hecho**

Esto se conoce como *flashback*. La persona vuelve a ver y sentir en su mente el hecho traumático que vivió, ya sea despierta o dormida. Puede estar ocupada en sus tareas cotidianas y, sin previo aviso, aparecen imágenes de la experiencia negativa. Y siente exactamente el mismo dolor emocional que cuando le ocurrió. Como resultado, comienza a tener más y más miedos irracionales, sobre todo, a que el hecho se repita. Cualquier cosa puede ser un disparador de imágenes repetitivas: una persona, un olor, un lugar, una canción, una fecha, etc.

- **Ver un futuro sombrío**

Quien tiene miedos irracionales no puede vislumbrar un «mañana mejor». Todo lo ve a través de la lente de la vulnerabilidad y espera siempre que algo negativo le ocurra. Cuando esta forma de pensar se instala en la mente, por lo general bajan las defensas del organismo y, además de experimentar baja estima, podría llegarse a enfermar físicamente. Ver la vida con pesimismo es una actitud que aleja a los demás de nuestro lado y atrae más de lo mismo.

Sin embargo, sea cual sea la etapa de la vida que estemos transitando, necesitamos tener en cuenta que el noventa por ciento de nuestros miedos nunca se harán realidad. Los miedos son imaginaciones que vivimos como si fueran ciertas, tal como lo muestra este conocido relato:

Un ratoncito estaba angustiado porque tenía miedo al gato. Un mago se compadeció de él y lo convirtió en gato. Pero entonces resulta que el gato empezó a sentir miedo del perro, motivo por el cual el mago lo convirtió en perro. Una vez perro, empezó a sentir miedo de la pantera y el mago lo convirtió en pantera. Por este motivo empezó a temer al cazador. Llegados a este punto, el mago se dio por vencido y dijo: «Nada de lo que yo haga por ti te será de ayuda, porque tus miedos siguen siendo los de un ratoncito.»

> «Para quien tiene miedo, todo son ruidos.»
>
> Sófocles

Tengamos la valentía de enfrentar los miedos que nos dañan, busquemos ayuda si es necesario, pero nunca nos resignemos a que nos roben la vida que nos merecemos.

Las circunstancias momentáneas no marcan la agenda de una vida, pues la agenda está en el diseño completo, en aquello que hemos decidido ser creciendo, preparándonos y sin temer al tiempo, sino usándolo a nuestro favor.

9

MIEDO AL DOLOR
Y AL SUFRIMIENTO

1. Un capítulo ineludible de la vida

Todos los seres humanos tememos al dolor y al sufrimiento. Nadie desea experimentar ninguno de los dos. Pero la realidad es que son un capítulo ineludible de la vida que en algún momento, algunos incluso desde la niñez, tendremos que enfrentar.

Uno de los dolores más grandes que todos hemos de vivir es el ocasionado por la pérdida de un ser querido. ¿Qué deberíamos hacer cuando esa clase de dolor, que tanto tememos, golpea nuestra puerta?

> «El dolor es inevitable, pero sufrir es opcional.»
>
> M. Kathleen Casey

- **Pedir consuelo**

Cuando muere un ser querido, inmediatamente solemos decirnos: «Podría haber hecho tal cosa» o «No tendría que haber hecho tal otra». Se trata de un autorreproche. En realidad, cuando nos castigamos inconscientemente estamos pidiendo consuelo. En el fondo, esperamos que nos digan: «No, no es tan así, no te maltrates.» Lo ideal es pedir claramente lo que necesitamos, sobre todo, consuelo.

- **Expresar lo que nos sucede**

Esto es muy importante porque, cuando uno guarda las emociones, tarde o temprano las expresará de alguna forma. En una ocasión, me escribió un muchacho que había perdido a su padre de repente por un accidente cerebrovascular. El hombre murió y, cuando ya habían pasado dos años, de pronto, todas las noches el hijo empezó a sentir opresión en el pecho, dolor y ahogo, como si fueran ataques de pánico. ¿Qué le ocurría? Ese joven no había llorado a su padre, no había expresado su tristeza, y toda esa emoción salió después a través de la opresión en el pecho y demás síntomas. Cuando atravesamos el momento del dolor, deberíamos esforzarnos por expresar todas las emociones que experimentamos, sin guardarnos nada. Expresemos siempre nuestro dolor.

- **Aceptar que nos sentimos vulnerables**

Cuando estamos enfermos nos sentimos débiles, sin fuerzas para nada. Del mismo modo, ante la pérdida de un ser querido, estamos altamente vulnerables y, muchas veces, esa vulnerabilidad no podemos expresarla, pues no queremos mostrarnos débiles ante los demás. Entonces, muchos la tapan con la culpa. La culpa de «podría haber hecho esto o aquello», o «¿por qué no lo llevé al hospital?». En realidad, la culpa está cubriendo el hecho de sentirnos vulnerables. Nos culpamos a nosotros mismos para ocultar delante de la gente lo que sentimos. La sensación de desamparo producida por la pérdida se esconde, por lo general, detrás de esas culpas del sobreviviente. Lo que este hace es tapar la vulnerabilidad que siente al atravesar el duelo. Lo ideal sería pedir consuelo, expresar las emociones y mostrar la vulnerabilidad.

- **Leer el libro que nos dejó nuestro ser querido**

Ese libro es su historia y no hay que detenerse en ningún capítulo en particular. Algunas personas pierden a un ser querido por suicidio, un hecho tan terrible que significa el punto final del libro. Sin embargo, ese punto es solo una parte de la historia, no es toda la historia. Puede suceder también que, en la historia de la pérdida de ese ser querido, alguien nos haya lastimado. Eso es solo un párrafo de un capítulo, no es toda la historia. Cuando perdemos a alguien que amamos y nos quedamos atascados en alguna parte de la historia o en el punto final (si fue por suicido o por accidente), nos estaremos perdiendo la historia completa. Siempre debemos leer todo el libro, sin negar ninguna parte. Las partes malas también forman esa historia, aunque lo mejor es recordar las partes buenas que son como una caricia al alma que sufre.

2. CONVERTIRNOS EN MEJORES PERSONAS

Hay dolores que vienen a nuestra vida por causa de los demás. Hace años, con mi esposa, conocimos en una ciudad a una mujer que había perdido a uno de sus hijos. Un hombre había salido borracho con el coche y causó la muerte de la hija de esta señora. Hay errores, culpas y dolores profundos que son provocados por otros. Pero a veces los errores vienen de nosotros mismos porque hacemos algo que no deberíamos. Lo cierto es que poco importa de dónde venga el dolor, Dios nos va a consolar en todos nuestros dolores, incluso cuando sean resultado de nuestros propios errores.

Cuando perdemos a un ser querido, sentimos que una parte nuestra se ha ido. En realidad, cuando alguien muere, no se va nada de nosotros; por el contrario, algo de esa persona queda en nosotros y no perdemos nada. Aunque surja la sensación de que se nos fue una parte de nuestra vida, quien partió queda sembrado internamente en nosotros y todo lo que él o ella portaba en su interior (amor, cariño, entusiasmo, etc.) pasa a sumarse y enriquecer nuestra vida, para que nosotros sigamos creciendo, avanzando y mejorando este mundo.

El dolor nos transmuta y le da un sentido nuevo a nuestra vida. La pérdida de un ser amado tiene que hacernos mejores seres humanos. Con su partida, deberíamos ser mejores personas que antes. Viktor Frankl decía que el sufrimiento solo tiene sentido si nos cambia y nos convierte en alguien mejor. Pero, para que ello ocurra, necesitamos enterrar el cuerpo, metafóricamente hablando.

Es decir, la tristeza, la amargura y toda emoción negativa que haya surgido en nosotros. Como ya mencionamos, tenemos que expresar el dolor, sin reprimirlo, todo el tiempo que sea necesario y permitir que finalmente se agote. Hay un momento de dolor intenso, pero con el paso del tiempo irá disminuyendo hasta agotarse. Esto no significa que uno se olvide de la persona que se fue, sino, muy al contrario, que acepta su partida y toda la herencia emocional que él o ella le ha dejado para que siga adelante con su vida.

> «La muerte deja un dolor en el corazón que nadie puede sanar, el amor deja un recuerdo que nadie puede robar.»
>
> Anónimo

A mí me gusta preguntarle a la gente que ha sufrido: «¿En qué te cambió este dolor? ¿Qué hay en tu vida antes y después? ¿Qué descubriste? ¿Qué aprendiste?» Y la mayoría comenta: «Dejé de preocuparme por tonterías, dejé de interesarme por las cosas que antes me interesaban para centrarme en las cosas trascendentes de la vida.» Podemos usar el dolor para que nos cambie, para crecer y madurar, para expandirnos.

Aunque el miedo al dolor y al sufrimiento es perfectamente normal, hemos de recordar que somos más fuertes que cualquier dolor que nos toque atravesar. Y es precisamente en los momentos de mayor debilidad, cuando nuestra fortaleza interior más

> «Si no está en tu mano cambiar una situación que te produce dolor, siempre podrás escoger la actitud con que afrontes ese sufrimiento.»
>
> Viktor Frankl

se va a manifestar. ¡Somos mucho más fuertes de lo que creemos!

3. LAS PRUEBAS

En la vida todos afrontamos pruebas de diversa índole que ocasionan dolor emocional y miedos. Y cuando eso ocurre, nos preguntamos: «¿Por qué me ha pasado a mí?» Lo hacemos porque nos estamos percibiendo más débiles que la prueba. Y mientras no nos veamos más fuertes que la prueba misma, no la superaremos. De ninguna manera se trata de minimizar eso negativo que nos sucede, sino de ser capaces de decir: «A pesar de este dolor, de esta carencia, de esta dificultad, voy a levantarme, voy a superarlo y voy a seguir adelante.» La prueba se supera cuando tomamos el mando y somos más fuertes que la situación difícil, que entonces deja de tener poder sobre nuestra vida.

> «Abandonarse al dolor sin resistir es abandonar el campo de batalla sin haber luchado.»
>
> Napoleón

¿Te gustan los desafíos? Muchas personas les temen, por eso huyen y se debilitan cuando tienen que enfrentarlos. A mí me gustan los desafíos porque con los años he aprendido que son la única manera de llegar a decir: «Tengo en mi interior la capacidad de enfrentar cualquier circunstancia, por difícil que sea.»

Si le compramos un chocolate a nuestro esposo o esposa y le decimos: «Fui al quiosco a comprarte este chocolate», ¿cuál es el mérito? Ninguno. Pero si logramos superar algo difícil que al principio considerábamos insuperable, ahí hay un gran mérito. Por lo general, cuando nos damos cuenta de que somos más fuertes que ese aguijón que está causando dolor en nuestra vida —y que en algún momento temimos que podría llegar a matarnos—, este ya no tiene más razón de ser y desaparece.

Las crisis tan temidas, las que nos hacen preguntarnos «¿Por qué a mí?», lo cual es normal y universal, una vez superadas pueden cambiar nuestra perspectiva de la vida para siempre. Y eso es así porque, después de haber creído que nuestro mundo se derrumbaba, que estábamos en medio de un torbellino, nos convertimos en personas con profundidad, solidez y fortaleza interior. Toda crisis, con su cuota de dolor incluida, tiene que llevarnos a declarar: «Pensé que este dolor me iba a matar, pero aprendí que soy más grande y más fuerte que cualquier crisis.»

> «Siempre parece imposible hasta que se hace.»
> Nelson Mandela

4. SEGUIR ADELANTE

Lo cierto es que muchas personas no logran ver su fortaleza interior en medio de la crisis. Entonces, ¿cómo podemos ayudar al que está caído, emocionalmente fracturado por una situación dolorosa? Al que se cae y se fractura sus emociones hay que restaurarlo. Y restaurar significa «poner un yeso». Si alguien se cae y no puede levantarse por sí solo, nosotros podemos restaurarlo. Es decir, colocarle un yeso. Quien pierde un ser querido de repente, por una enfermedad terminal, un accidente o una situación de violencia inesperada, puede caer en un pozo que no lo deja avanzar. También quien sufre la herida de perder su empleo y no poder mantener a su familia puede caer en una depresión profunda y preguntarse: «¿Y ahora cómo sigo adelante?»

En casos como estos, la persona siente tanto dolor que a veces no puede levantarse y avanzar. ¿Por qué nos quebramos a nivel emocional? Porque todos los seres humanos tenemos expectativas en la vida, las circunstancias, la gente. Es decir, esperamos algo y ponemos nuestra confianza en que suceda. Por ejemplo, esperamos que tal persona viva, esperamos mantenernos y ascender en nuestro trabajo, esperamos que las cosas nos salgan bien, esperamos que alguien nos ayude, etc. Y cuando no obtenemos lo que esperamos, eso nos provoca un dolor que nos conduce a aislarnos y no querer saber nada más de la vida. La secuencia es: espero algo, no lo recibo, resulto lastimado y me aíslo.

Pero ¿por qué esperamos algo? Porque en el fondo, aunque no nos demos cuenta o nos consideremos no creyentes, tenemos fe. Todos tenemos una cuota de fe, por pequeña que sea. Ponemos fe en una situación o una persona, y cuando esa fe no nos funciona, quedamos dolidos. Y si quedamos lastimados es porque se quebró la fe. La fe se puede quebrar. Sin embargo, es precisamente la fe el combustible que nos permite seguir adelante, en especial, cuando atravesamos una dificultad. Esta es mi propia definición de fe: «Fe es seguir caminando, o sea, seguir adelante hacia lo que espero.»

El mayor desafío de nuestra vida es seguir adelante —conservar la fe— cuando somos zarandeados por las circunstancias y se fractura nuestra alma de dolor, al punto de sentir que quisiéramos morir.

> «El éxito no es el final, el fracaso no es fatal; es el coraje de continuar lo que cuenta.»
>
> Winston Churchill

5. NUESTRA FORTALEZA

He escuchado a gente decir: «Yo tengo fe, pero no sé qué va a pasar.» Eso no es fe, sino estrés.

La fe nos libera del estrés porque nos permite relajarnos.

La fe es una fortaleza.

La fe nos ayuda a relajarnos porque nos da la confianza necesaria para seguir caminando, con la certeza de que nos espera algo bueno.

Eso es la fe: la convicción de lo que uno espera. Y tal actitud nos hace fuertes, sólidos.

Necesitamos fortaleza para enfrentar una prueba porque esta nos habla. La crisis nos habla. La tormenta nos habla. El dolor nos habla. La fe nos permite acallar esas voces y hablar en positivo, aun en las circunstancias más negativas. Porque la fe nos sirve para encontrar y enfocarnos en las cosas útiles. La fe siempre nos hace buscar lo bueno de una situación y desviar la mirada de lo malo.

Si, por ejemplo, tenemos un trabajo que nos cuesta soportar, usemos la fe y seremos capaces de hallarle alguna cosa que nos resulte útil. Es decir, algún beneficio, aunque se trate de algo pequeño: tal vez el alivio económico, o el hecho de que nos deja tiempo para asistir a un curso. Los pequeños beneficios los encontramos a través de la fe que nos fortalece.

La fe es el motor que nos impulsa a seguir adelante y esperar algo mejor. Pero no podemos caminar hacia delante y, cada cinco minutos, preguntar: «¿Por qué me pasa esto ahora?» Porque la fe no se concentra en las actividades, sino en los resultados.

Yo creo que me va a ir bien. Entonces no necesito preguntar cada poco por qué sucede lo que sucede. Ser capaces de pensar en el resultado final, enfocarse en la meta y seguir caminando constituye nuestra fortaleza diaria.

En la antigüedad, un pastor de ovejas adulto tenía una vara con la que caminaba y esa era una señal de autoridad. Los niños jugaban a ser pastores con una caña, no con una vara. Y esa caña era sinónimo de juego de niños. Cuando somos zarandeados nuestra estima se ve afectada y, muchas veces, nos sentimos atemorizados, tontos e inútiles, al igual que las criaturas. Pero la fe no es una caña ni una vara, sino una lanza de hierro.

Eso significa que podemos usarla contra cualquier enemigo que se levante en nuestra contra: la tristeza, la amargura, la depresión, la enfermedad, la pobreza, etc. Ningún plan contra nosotros prosperará si aplicamos la fe en la vida. La gente que se levanta rápido del dolor es la que tiene fe. Por eso, la fe no puede faltar, porque es lo que nos permite movernos, actuar, caminar, seguir adelante a pesar de todo.

Nadie quiere sufrir. Aunque sepamos que el sufrimiento es parte de la vida, lo rechazamos y nos rebelamos cuando nos toca. ¿Por qué? Porque sentimos que no es natural y que nos debilita. La razón de esto es que nuestro espíritu sabe que no fuimos creados para sufrir, sino para ser felices y vivir vidas plenas en todas las áreas.

10

ME SEPARÉ, TENGO MIEDO AL FUTURO

1. ME SEPARÉ; ¿AHORA QUÉ HAGO?

Una persona que atraviesa una separación o un divorcio, en especial cuando esto ocurre de manera traumática, luego puede sentir miedo de formar pareja otra vez y volver a sufrir lo mismo. Puesto que toda separación de pareja es la pérdida de un ideal, una etapa de cambios y turbulencia, es perfectamente normal sentir este temor.

Se dice que nos casamos con un conocido y nos separamos de un desconocido. Lo cierto es que siempre, antes de una separación física, tiene lugar una separación emocional. Nada sucede en el vacío ni de un día para otro. Los seres humanos tenemos tendencia a vivir de repetición en repetición (por eso, tememos que nos vuelva a suceder hoy lo negativo que nos sucedió ayer). ¿Cuáles son las razones más comunes de una separación? Dentro de la multiplicidad de ellas, podemos mencionar dos:

a. Los conflictos de pareja

Cuando aparecen, casi siempre es porque la pareja no ha construido y consolidado el vínculo. Es lo que se conoce como «cerebro de pareja» o «nosotros». Entonces, cuestiones como discusiones, peleas frecuentes, celos y el desgaste provocado por el tiempo son el detonante que puede terminar en una separación.

Veamos algunos de los conflictos más comunes en una separación:

Él/Ella se fue de repente. Uno puede estar físicamente al lado de una persona, pero emocionalmente a kilómetros de distancia. Nadie se va de la noche a la mañana. En este caso, casi siempre hay baja empatía en ambos porque estaban mirando en distintas direcciones.

No lo/la puedo perdonar. La falta de perdón es una de las formas de negación (o no aceptación de lo sucedido). Es una idea narcisista. El dolor es muy profundo y la persona sigue «demonizando» a su ex, para no cerrar esa etapa. Hasta que no hay perdón, no se puede sanar para seguir adelante ni aprender nada de lo vivido. Pararse en el dolor y en la ira nos detiene, mientras que perdonar nos permite avanzar.

Lo/a echo de menos. Cuando alguien desea volver con su ex y sufre por ello, debería preguntarse (y responderse honestamente) si de verdad lo echa de menos porque lo ama, o porque extraña ciertos rituales y ciertas comodidades que se compartían. El amor verdadero siempre se esfuerza por cambiar.

b. La frustración personal

Muchos acumulan ira en su interior debido a frustraciones (que no reconocen) en distintas áreas de su vida. Por esa razón, comienzan a distanciarse de su pareja. En el fondo, es una manera de colocar el problema fuera, en el otro, y culpabilizarlo por lo que no se atreven a admitir. Con la separación, viene el alivio y la autojustificación: «Lo pasé muy mal al lado de él o ella; ahora voy a disfrutar.» Pero con el tiempo, la angustia vuelve porque, en realidad, el problema nunca fue de pareja.

> «Llórame un río, construye un puente y crúzalo.»
> Justin Timberlake

Algunas ideas a tener en cuenta cuando se atraviesa una separación y aparece el temor de volver a formar pareja:

- Nunca hay que hablar mal del ex. Tampoco hay que buscar personas que nos den la razón. Y mucho menos usar a los hijos para castigar al otro, triangulándolos o prohibiéndoles que vean a su madre, su padre o sus abuelos.

- Después de una separación, no se debería formar pareja rápidamente (sobre todo cuando hay temor). Es fundamental sanar primero la herida de la experiencia anterior para evitar «construir sobre ruinas». Solo cuando se sana una herida emocional del pasado podemos transformar las circunstancias negativas en crecimiento y avance.

• Muchos varones desaparecen y no ven a los hijos, o los ven poco. Esto sucede porque, al separarse, sienten que dieron mucho a la familia y ahora tienen derecho a disfrutar y ser felices. Sienten que no les deben nada más. Por ese motivo, no sienten culpa por no ver a sus propios hijos. En realidad, se trata de un enojo contra el núcleo familiar.

Después de una separación, es fundamental sanar la herida y levantarse, sobre todo si aparecen la depresión y la angustia, para seguir adelante con nuestra vida y construir algo nuevo. De nada sirve anclarse en el dolor (y en la pérdida); eso solo nos roba años de disfrute y nos mantiene en la incertidumbre. La vida siempre brinda nuevas oportunidades.

> «En los conflictos de pareja, la solución no debe ser un ganador y un perdedor, sino dos ganadores.»
>
> Alejandro Jodorowsky

2. DOS NECESIDADES BÁSICAS

Todos los seres humanos compartimos dos necesidades básicas que buscamos satisfacer desde que nacemos hasta que morimos:

1. Estima
2. Intimidad

¿Qué es la estima? Una necesidad psicológica o emocional. Durante toda su vida, lo sepan o no, las personas necesitan ser miradas, escuchadas, valoradas, motivadas, acariciadas, respetadas. Un niño pequeño debería encontrar su satisfacción en el amor y el cuidado de sus padres, algo que lamentablemente no siempre sucede.

¿Qué es la intimidad? Una necesidad a nivel espiritual. Consiste en un «vínculo de afecto» con los demás. Intimar con alguien implica abrirle nuestro corazón y mostrarnos tal y como somos. Por ello, intimidad es sinónimo de conexión o compromiso, es decir, darse a conocer y conocer al otro. Poco tiene que ver con lo sexual, como muchos creen. Esta forma de relacionarnos nos permite salir de la superficialidad y entablar relaciones profundas.

Algunas personas temen la intimidad, razón por la cual les cuesta formar pareja por mucho que lo deseen. Para compartir nuestra vida con alguien y disfrutar de un vínculo sano, es fundamental superar este temor. Podríamos identificar estas dos necesidades básicas del ser humano con la letra A. Cuando A no está satisfecha, la persona intentará llenarla con B, que representa el placer fisiológico. Pero A se satisface solamente con A. Veamos algunos ejemplos de B:

• **Trabajar en exceso**
Muchos hombres, y también mujeres, suelen «monopolizar» el placer en el lugar de trabajo. Como no pueden disfrutar todo lo bueno que la vida les ofrece, trabajan en exceso creyendo que esto les brinda placer. En el fondo, se

sienten frustrados en otras áreas, como las relaciones de pareja o familiares, la paternidad o la amistad. Entonces viven trabajando, pero jamás el trabajo puede reemplazar una relación interpersonal. El trabajo es bueno y nos permite sentirnos realizados, pero su exceso solo acarrea sufrimiento.

- **Hacer mucho dinero**

Hay gente que transforma el dinero en un fin porque carece de una estima sana y/o de intimidad. Es así como intenta llenar ese vacío, y trabaja a destajo para juntarlo, ahorra compulsivamente y tiene un apego excesivo a lo material. El dinero no es malo, como algunos piensan. Es solo una herramienta útil para cubrir necesidades como alimento, ropa y esparcimiento. Pero cuando alguien se apega a un objeto material, por ejemplo, su automóvil, sufrirá grandemente si choca o incluso si se lo rayan. La dependencia a un objeto nos hace sentir que tenemos una aparente autonomía, pero nunca debería reemplazar aquello que es verdaderamente importante. Cuando podemos desprendernos de un objeto, realmente «lo poseemos». Cuando no podemos, el objeto «nos posee» a nosotros.

- **Seducir sexualmente**

Algunos buscan seducir a otros sexualmente (incluso estando en pareja). ¿Por qué? Porque no sienten ningún «malestar» por vivir una doble vida, o lo sienten pero lo racionalizan. Hay hombres con esposa e hijos que tienen una amante y se justifican pensando que «es solo sexo», o que se lo merecen porque la esposa los trata mal. Como resultado, ambos ámbitos están desconectados entre sí y la persona vive en uno de una manera y en el otro de otra manera. Una conciencia sana en todas las áreas nos permite vivir con coherencia y valores. Otros ejemplos de conductas de seducción B para sanar A: hombres que chatean con mujeres y les dicen cosas bonitas, hombres que les dicen cosas soeces a las mujeres en la calle, mujeres que «histerizan» con compañeros de trabajo o estudio. Todos anhelan ser mirados y tenidos en cuenta. En el fondo, tienen una gran insatisfacción de las necesidades básicas que denominamos A, y las conectan con lo sexual.

- **Buscar reconocimiento social**

Quien vive comparándose con los demás y descalificando a otros, en el fondo, busca definirse de este modo. Su plataforma emocional es de gran inseguridad interior y baja autoestima, y lo lleva a querer ser admirado «por contraste». Es decir, al ver lo negativo en otros, siente que es mejor o superior que los demás. No se da cuenta de que, en ocasiones, puede caer en situaciones infantiles o ridículas. La gente siempre percibe la competencia, y esta provoca rechazo.

- **Buscar dolor y castigo**

Buscar dolor y castigo de manera inconsciente puede ser un intento de llenar A.

Cuando somos lo suficientemente sinceros como para identificar si tenemos una carencia de A (estima o intimidad), dejamos de ir detrás de algunas de estas u otras variantes de B y somos capaces de satisfacer ambas necesidades de manera sana y superar cualquier miedo.

3. UNA PAREJA QUE PERDURE EN EL TIEMPO

Actualmente somos testigos de muchos problemas de pareja, ya sea por infidelidad, violencia de género o adicciones. Como ya mencionamos, entre los diversos motivos que existen, se encuentra muy arriba en la lista la imposibilidad de construir el «vínculo afectivo».

¿En qué consiste el vínculo afectivo?

Cuando alguien le recrimina a quien tiene a su lado: «Nunca me dices que me amas», el problema nunca es el planteamiento verbal, sino aquello que no se dice. Si falla el vínculo no verbal, la persona demandará palabras. Pero la cuestión real es lo que no expresamos, por lo que, aunque el otro le diga lo que quiere escuchar, el conflicto no se resolverá.

El problema siempre es lo no verbal, es decir, el vínculo que se establece entre dos personas por un mutuo interés sincero, el cual no precisa de palabras. Por ejemplo, yo no necesito decirle a mi hermano, cuando le presto mi coche, que lo cuide, porque lo conozco y confío en él.

En la etapa inicial de toda pareja, por lo general la actitud corporal (de interés) concuerda con lo verbal: «Te amo», «¡Qué bien te ves!», «Me encantas». La forma en que ambos se acercan y se miran es sellada con lo que se dicen. Más adelante en la relación, ya no requieren de tantas palabras porque el vínculo está consolidado, basta con una mirada.

El vínculo es el interés sincero por el otro.

Entonces, cuando dos personas se llevan mal, lo que debería recomponerse es la conexión no verbal. Esta no se logra exigiéndole al otro que exprese su amor; tampoco a través de una lista de deseos: «Quiero que me trates con consideración», «Quiero que me escuches», «Quiero que la casa esté ordenada». Y mucho menos se logra con reproches: «Con todo lo que yo hice por ti...» Lo cierto es que, si en una pareja no existe mutuo interés, es casi imposible reconstruir el vínculo.

> «No importa cuánto te aman, sino cómo lo hacen.»
> Walter Riso

Podemos reconstruir el vínculo afectivo básicamente de dos formas:

• **Recordando los buenos momentos vividos**
Recordar buenos tiempos nos ayuda a revivir lo que sentimos alguna vez. Podemos recordar cómo nos conocimos, el día de nuestra boda, el día que nacieron nuestros hijos, etc. Esta clase de recuerdos nos llena de emociones positivas y nos acerca. Si yo os preguntara qué cosas os enamoraron de vuestra pareja, probablemente vuestra ex-

presión cambiaría. Uno puede entrenarse para volver a experimentar las situaciones agradables vividas y centrarse en ellas para mejorar el vínculo.

- **Recordando los momentos difíciles superados**
Toda familia atraviesa momentos de tristeza, son parte de la vida. Y casi siempre se trata de situaciones que, finalmente, se superan para seguir adelante. Recordar esos momentos revive el interés sincero que tuvimos por el otro en el pasado. Es decir, se reconstruye el vínculo deteriorado. Uno vuelve a experimentar el dolor y, a la vez, se siente la alegría de haberlo superado.

4. IDEAS PRÁCTICAS A LA HORA DE ELEGIR PAREJA

Veamos algunas ideas prácticas que pueden ayudarnos a superar el miedo a volver a fracasar en la pareja:

- **Elegir una pareja por deseo, no por necesidad**
Cuando anhelo encontrar una pareja, nunca debería elegir a alguien basándome en lo que me falta. Tal actitud de elegir por necesidad solo me conducirá a esperar a que el otro me brinde lo que no tengo. Por ejemplo, alguien que no tiene una autoestima sana, porque no recibió validación de papá o mamá, pretenderá que su compañero/a

> «Hay que amar siendo libre: "Yo no te necesito, te prefiero, te elijo".»
>
> **Walter Riso**

se la dé. Algo muy distinto es elegir a alguien por deseo. Si estoy bien conmigo mismo y siento que no me falta nada, partiendo de esa base, puedo buscar compartir mi felicidad con otro.

- **Procurar estar bien con uno mismo antes de buscar estarlo con alguien**

La primera pareja que debo construir es conmigo mismo. Cuando una persona experimenta placer y conexión interiores, tiene garantizada una manera de relacionarse con el otro mucho más sana.

- **Construir sobre la pasión, no sobre la obsesión**

Muchos terminan desilusionados y frustrados debido a que buscan la pareja ideal. Una pareja sana tiene elementos positivos y otros negativos, pero se construye básicamente sobre la pasión y no sobre la obsesión. La pasión atrae, la obsesión aleja; la pasión motiva y da libertad; la obsesión arroja como resultado la posesión y mata lo más maravilloso de la pareja: elegirse mutuamente. Así como no existe la pareja ideal, tampoco existe la relación totalmente incondicional. Siempre esperamos algo del otro.

- **Procurar siempre una comunicación amorosa**

Una pareja sana se establece mediante una comunicación amorosa y respetuosa. Las palabras se procesan de forma distinta cuando son expresadas con amor. Cuando les ponemos el ingrediente del amor, nuestras palabras tienen poder. Cuando, en cambio, volcamos en ellas enojo, rencor, etc., se convierten en un predictor de que esa pareja no va a funcionar. Además, es fundamental aprender a decir «no» sin enojo; de lo contrario, lo que decimos es una invitación al otro a «subirse al ring».

• **Construir el poder de la pareja**

Cuando uno domina al otro, decide por el otro o presiona al otro, no hay pareja. Pareja son dos simétricos que se aman y se respetan. La lucha de mucha gente de a dos, que pelea constantemente, suele pasar por temas superficiales que obedecen a esta lógica: quién define la escena, quién detenta el poder. Hasta que los dos miembros de una pareja no entiendan que el poder está en ambos, vivirán en una búsqueda constante de ocasiones para aplastar al otro.

En resumen, una pareja es una construcción de dos, ese tercero que ambos crean y debe ser nutrido con la amistad, la sinceridad y el respeto mutuo. Quien tiene la dicha de construir este tipo de relación no tiene por qué temer al fracaso.

11

TENGO MIEDO A ENFERMAR

1. CONSTRUIR ESPERANZA

Todas las personas se enfrentan a la enfermedad en algún momento de su vida. La persona que enferma pierde la energía, la movilidad, en algunos casos hasta la belleza, el trabajo, etc. Hay enfermedades que son crónicas, es decir, que duran en el tiempo, como el asma, la diabetes, el cáncer o una parálisis. Hay otras que requieren de una cirugía. Por eso la enfermedad despierta miedo, a las limitaciones, a las pérdidas y, en los casos más graves, a la discapacidad y la muerte. Pero ante cualquier diagnóstico, por grave que sea, por terrible que parezca, hay que esforzarse por construir esperanza. La enfermedad no es la ocasión para cambiar las relaciones con los otros, sino para tener una relación con uno mismo.

Cuando estamos enfermos debemos darle ba-

> «De nuestras vulnerabilidades vienen nuestras fortalezas.»
>
> Sigmund Freud

talla a la enfermedad, tener fe en Dios, fe en el tratamiento y fe en nosotros mismos. Necesitamos levantarnos y pelear todos los días. La enfermedad es una parte de la vida, pero no es toda la vida.

Veremos algunas ideas para reflexionar sobre este tema tan amplio. La intención es analizar varios conceptos que puedan aportar algo más a una situación muy delicada, ayudar a quien esté atravesando un momento difícil por un problema de salud.

2. CUANDO ENFERMAMOS

¿Qué cosas no deberíamos hacer cuando enfermamos?

* **No manipular con la enfermedad**

Muchos adultos enferman y aprovechan esa situación para manipular a quienes les rodean. Probablemente de chicos enfermaban y les regalaban un juguete o los mimaban más que de costumbre. Es decir, los trataban mejor que cuando estaban sanos. Y el mismo mecanismo es utilizado más tarde en la vida.

* **No sentirnos impotentes**

Cuando interrumpimos nuestras actividades (trabajar, estudiar, divertirnos o salir con amigos), nos estamos colocando en el rol de víctimas. Cuando alguien recibe un diagnóstico de enfermedad, dentro de lo posible no debería abandonar sus quehaceres cotidianos. A todo lo que ya hace, ahora le sumará el tratamiento médico indicado.

Durante una enfermedad tampoco deberíamos revisar nuestra vida hacia atrás. Esta actitud solo nos conduce a sentirnos impotentes, porque el pasado ya está terminado. Por el contrario, es el momento de mirar adelante y construir.

> «La medida de lo que somos es lo que hacemos con lo que tenemos.»
>
> Vince Lombardi

- **No sentirnos culpables**

Es inútil pensar que «si nos llegó esta enfermedad, por algo será», en un intento de hallar una respuesta que calme nuestra ansiedad. La enfermedad no se agota en una única razón: obedece a múltiples factores que sería imposible describir aquí.

3. CUANDO UN SER QUERIDO ENFERMA

¿Qué cosas no deberíamos hacer frente a la enfermedad del otro?

- **No tratar de explicar**

Cuando alguien enferma y pregunta «¿Por qué me ha ocurrido esto?», la mejor respuesta es: «No sabemos por qué.» Lo importante es que la persona pueda decidir qué hará a partir de ahí con la nueva situación. Por lo general, lo más conveniente es animar al enfermo a presentar batalla a la enfermedad.

A veces, una persona puede pensar que Dios la sanará

y que no necesita la medicina, lo cual es una actitud inmadura para evitar lo que debe hacer y es su única responsabilidad. Todo aquel que profesa alguna religión tendrá fe en Dios, pero también debemos creer en la ciencia y sus grandes avances de las últimas décadas. Y en nosotros mismos, que portamos en nuestro interior la fortaleza para enfrentar la enfermedad.

• **No transmitir angustia**

A una persona cercana que ha perdido su salud, jamás deberíamos sumarle nuestra propia angustia. Si lo hacemos, no estamos pensando en el enfermo, sino en nosotros mismos, lo cual es una actitud egoísta. Toda vez que nos encontremos con alguien a quien le han diagnosticado una enfermedad, transmitámosle esperanza, fuerza y optimismo, tres pilares para sobrellevar y superar cualquier situación adversa.

4. Ante la enfermedad

¿Qué cosas positivas deberíamos hacer ante la enfermedad?

• A la enfermedad hay que darle batalla todos los días y nunca darse por vencido. La enfermedad es solo una parte de la vida, pero no toda la vida de una persona, aunque a menudo se asemeje a un gigante a quien debemos derribar.

• Ante la enfermedad, la persona tiene que cuidarse y hacer lo que nadie hará por ella. ¿De qué manera? Por ejemplo, comiendo algo rico y sano (si le está permitido), cuidando su aspecto físico en la medida de sus posibilidades, saliendo a tomar un café o a ver una película, etcétera. Se trata de acciones que brindan bienestar.

• Ante la enfermedad, la persona tiene que visualizarse sana, fuerte y querida.

• Ante la enfermedad, la persona debe participar activamente en su tratamiento. El diagnóstico recibido, por duro que sea, es solo eso, no es una condena a muerte ni el comienzo del fin. Por el contrario, es el inicio de una batalla de esperanza cada día. La persona necesita comprender que «tiene» una enfermedad pero «no es» esa enfermedad. Por esa razón, es bueno decir, por ejemplo: «Tengo diabetes», y no: «Soy diabético.»

• Durante una enfermedad, lo mejor es establecer metas a corto plazo que sea posible alcanzar y disfrutar. Es decir, actividades que brinden satisfacción inmediata.

• Se puede aceptar el diagnóstico de una enfermedad, pero nunca un pronóstico, porque nadie sabe qué sucederá a ciencia cierta. Dicha actitud nos permite esperar lo mejor y construir hacia delante cada día.

5. CUATRO ACTITUDES SANADORAS DEL MIEDO

> «Ve lo que los demás no ven. Lo que los demás deciden no ver, por temor, conformismo o pereza. Ve el mundo de forma nueva cada día.»
>
> Patch Adams

Algunos investigadores sostienen que hay varios elementos que intervienen en la remisión espontánea de enfermedades graves. A continuación menciono algunas:

I. Respuesta positiva a situaciones del pasado

La gente que camina en salud tiene un pasado de batallas ganadas. Son personas a quienes les ha sucedido de todo en la vida pero nunca se han rendido. Dieron batalla, se levantaron una y otra vez, y esa actitud hizo que tengan escrito en su ADN que «su hora no ha llegado». Pese a las adversidades, siguieron adelante, porque se volvieron a levantar cada vez que cayeron. No se dieron por vencidos. Si a pesar de todo lo que vivimos hemos llegado al día de hoy, es porque ese pasado negativo no pudo vencernos. El miedo no pudo vencernos. Y así, seguiremos adelante porque somos vencedores de la vida.

> «La victoria siempre es posible para la persona que se niega a dejar de luchar.»
>
> Napoleon Hill

II. Apoyo social

La gente que se cura espontáneamente disfruta de la compañía de gente querida y emocionalmente nutritiva.

Tenemos que rodearnos de gente sana y positiva. Se descubrió algo interesante: para cada problema, hay alguien dispuesto a ayudar. Cuando tengamos un problema, busquemos el cariño de alguien. Dios siempre coloca a nuestro lado alguna persona para acompañarnos, para abrazarnos, para darnos un beso, para decirnos una palabra que nos saque de ese problema. La gente que camina en salud tiene una red social grande, que la anima, la motiva y la acompaña en el trayecto de la vida. Alejémonos de la gente tóxica y procuremos la compañía de gente que sume. Establezcamos nuestra propia red social. Victor Frankl, que estuvo prisionero en el campo de concentración de Auschwitz, contó que allí, un día, un hombre le dio furtivamente un trozo de pan. Y algo más: le dio unas palabras que lo hicieron llorar. Las palabras y la mirada con que el hombre le dio el pan lo conmovieron. Así lo expresó: «El pan alimentó mi cuerpo, pero su mirada y las palabras que me dijo alimentaron mi espíritu.»

Eso se llama «gesto». No nos quedemos solo con el pan, con lo material, busquemos los gestos de las personas. Eso es exactamente lo que hace una madre cuando amamanta a su bebé: le da el pan y también su mirada y su abrazo.

Aprendamos a reconocer los gestos en los

> «La mayor enfermedad hoy día no es la lepra ni la tuberculosis, sino más bien el sentirse no querido, no cuidado y abandonado por todos. El mayor mal es la falta de amor y caridad, la terrible indiferencia hacia nuestro vecino que vive en la calle, víctima de la explotación, la corrupción, la pobreza y la enfermedad.»
>
> Teresa de Calcuta

demás. Y enseñemos a nuestros hijos a tener gestos amorosos con quienes les rodean desde pequeños, porque lo que cura a los seres humanos, a nivel físico y emocional, es el gesto: la mirada, el abrazo, la palabra oportuna, el silencio, el esfuerzo. Es decir, lo invisible. La mayoría de las personas van detrás de lo material. Si hasta ahora no lo hemos hecho, os invito a concentraros en los gestos, propios y ajenos. Los gestos sanadores transforman las cenizas en tesoros.

III. Grandes sueños

La gente sana declara: «No me voy a morir, tengo mucho por hacer.» Quien tiene sueños prolonga su vida. Llenémonos de sueños grandes, de proyectos grandes. No nos jubilemos emocionalmente. Cuanto más grandes nos volvamos, más sueños espirituales que dejarán huella en otros tendremos. Cuando uno tiene entre treinta y cuarenta años, quiere prosperar y se quiere «comer» el mundo. Después de los cincuenta, el avión aún no está bajando para aterrizar, sigue arriba, en carrera. Así tenemos que pensarnos y vernos a medida que pasan los años: como un avión que va hacia arriba, como la luz de la aurora que va en aumento. Llenémonos de sueños grandes, extraordinarios y poderosos, y alejaremos de nuestra vida la vejez con achaques, enfermedad y temor. ¡No muramos antes de morir!

«El miedo es la enfermedad que amputa los sueños.»

Eliécer Brenno

IV. Aumento de emociones positivas

La gente que supera la enfermedad suelta las emociones negativas y aumenta las positivas. Es decir, activa la alegría en su vida. ¿Cuánto hace que no reímos? ¿Cuándo fue la última vez que nos divertimos de verdad? Muchos viven sumidos en la queja, el rencor, el control, la obsesión, la crítica y toda clase de negatividad. Pero los que viven con alegría constante, que siempre encuentran un motivo para estar bien y contagian sus ganas de vivir, fortalecen su sistema inmunológico y caminan en salud y en bendición. ¿Qué hay que hacer con las emociones negativas como el enojo y la frustración? No reprimirlas, sino expresarlas y consumirlas. Es decir, soltarlas. Una vez que lo hacemos, podemos elegir tener emociones positivas que transformen no solo nuestra vida, sino cualquier ambiente negativo. Activemos nuestras emociones positivas, ya que eso nos mantendrá sanos y libres de miedos.

12

TENGO MIEDO DE QUE
MI PAREJA ME CONTROLE

1. HAY EQUIPO

En una ocasión asistí a una charla sobre inteligencia colectiva. Nos comentaron que lo último que se ha investigado en la Universidad de Cambridge, en Gran Bretaña, era la importancia de estar en un equipo. Y se descubrió que si en un equipo nadie quería sobresalir, sino que todos aportaban, les iba muy bien. Este descubrimiento avala lo que dice la Biblia desde hace miles de años: «Uno puede con mil, pero dos, con diez mil.»

Los seres humanos somos seres sociales, formamos grupos, y todo grupo necesita un buen líder. Cuando el grupo no funciona bien, por lo general hay ausencia de un buen líder. En el mundo animal al líder se lo conoce como el macho o la hembra alfa. Se llama alfa al líder y beta al seguidor. Dentro de un grupo conviven alfas y betas. Seamos alfa o beta, necesitamos caminar en seguridad para aportar lo mejor de nosotros en el área o el círculo afectivo en que nos desarrollemos.

A los alfas les gusta estar con alfas. El alfa es el líder, el que ve más allá. El camarero al que pedimos un café y nos trae solo un café es beta; pero el camarero que viene y pregunta: «¿Le traigo también una pasta?» es alfa porque ve más allá. El alfa dice: «Se me ha ocurrido», siempre está proponiendo cosas. Y el beta es el que dice: «Me han dicho que lo haga», es el que hace cosas.

Al alfa le gusta dar, liderar, mandar. En cambio, el beta disfruta cumpliendo con lo que el líder le pide, es el que hace lo que le dicen, el ejecutor, le gusta recibir órdenes. En el pasado, el alfa era el que salía a cazar el mamut, y el beta, el que se quedaba en la cueva preparando el fuego. Ni el alfa ni el beta son malos, los dos son necesarios. El beta necesita del alfa porque, si no, ¿quién trae el alimento? Pero el beta disfruta porque se toma su tiempo, y el alfa necesita del beta porque el alfa come, pero no disfruta (ese es el problema de los alfas).

> «Haz exactamente lo que harías si te sintieras más seguro.»
>
> Meister Eckhart

¿Eres alfa? ¿Eres beta? No está mal ser alfa y no está mal ser beta. Tenemos que saber que, alfa o beta, somos buenos.

2. ALFA Y BETA EN LA PAREJA

Hay distintas combinaciones de pareja.

Una pareja de un alfa y un beta, ¿se lleva bien o mal?

Se llevan bien. En algunos casos, el varón es el alfa, el que sale a cazar, el que ve más allá, el que dice: «Tenemos que progresar, tenemos que avanzar»; y la mujer es beta, se queda en casa, elige ese espacio, no le interesa el poder sino cumplir lo que hay que cumplir. Muchos hemos tenido un padre alfa y una madre beta. También puede ser alfa la mujer y beta el varón. Entonces ella sale, porque hay que ir adelante. Y él dice, contento: «Sí, querida, yo me quedo preparando el fueguito.» No es un pasivo, es un beta. A los betas les gusta recibir órdenes y las cumplen bien.

También hay parejas de dos alfas, y entonces los dos salen a cazar. Se llevan muy bien porque ambos tienen sueños y proyectos, pero necesitan aprender a ceder un poco. Los dos tienen mucha firmeza y ganas de avanzar, a los dos les gusta liderar, el poder en el buen sentido de la palabra. Y eso está muy bien.

Y otro modelo de pareja en que los dos son beta, los dos tranquilos. Un diálogo típico entre dos beta: «¿Cómo estás?» «Todo bien.» «¿Y cómo te fue en el trabajo?» «Fenomenal.» «¿Alguna novedad?» «No.» Funcionan muy bien porque son iguales.

El problema en un matrimonio no es que uno sea alfa o beta, o los dos sean alfas, o los dos betas; sino que uno de los dos sea inseguro, o ambos. Hay parejas en que uno es alfa y el otro beta, pero inseguros los dos; es la clásica pareja del maltrato. El alfa inseguro maltrata, amenaza, golpea a su beta también inseguro. ¿Y el beta por qué no se va? Porque piensa: «¿Adónde voy a ir? Aunque me pega, me ama.» Pero cuando el beta se vuelve seguro y pone límites al alfa inseguro, es capaz de decir: «Basta, me voy», y entonces el alfa inseguro llorará y le rogará: «No me dejes, perdóname.»

El ser alfa o beta es innato, es una manera de funcionar, pero el problema surge cuando hay un alfa inseguro o un beta inseguro.

3. CUANDO ALFA O BETA SON INSEGUROS

¿Qué pasa en un matrimonio o en un vínculo laboral cuando uno de los dos es inseguro? Veamos qué cosas hace el inseguro:

- **El inseguro valla su espacio**

Le pone un cerco electrificado y no deja que nadie le proponga nada, que nadie le diga nada, que nadie le aporte nada. ¿Por qué? Porque piensa: «Esto es mío y a mí nadie me va a enseñar nada.» Es como el asador al que su amigo le dice: «¿Por qué no lo haces así?», y contesta: «Tú métete en tus cosas y déjame en paz, que yo sé cómo se hace un asado.» Esa persona valla su espacio. Hay personas que cercan su trabajo, su familia, vigilan el reducto y no dejan que nadie les aporte nada. Le ponen un cerco a su espacio porque si alguien les aporta algo, como son inseguros, lo viven como una humillación.

- **El inseguro busca símbolos externos**

Lo hace para tapar su inseguridad. Busca el diploma, el reloj de marca, decir que sus hijos juegan al rugby o que viven en una urbanización exclusiva. Los varones que se reúnen a tomar café y cuentan sus aventuras sexuales son alfas o betas inseguros. Cuando somos seguros, no necesitamos ningún símbolo exterior. Pero la persona insegura busca mostrar que tiene dinero o que es una eminencia en tal o cual asunto. O muestra que es amigo de tal o que conoce a tal otro. Entonces, el inseguro sufre si pierde el coche o el estatus, o el ser amigo de, o si no tiene una foto con tal famoso. Todo eso le duele porque es inseguro. Las personas inseguras, alfas o betas, son desconfiadas (por eso cercan su espacio) y tienen miedo de perder lo que tienen y muestran. Sienten que el otro les va a quitar algo, les va a robar algo.

- **El inseguro grita y mangonea**

Cuando una persona se pone a gritar, está demostrando que no tiene los recursos internos para resolver un problema. Cuando una persona envía un *e-mail* intimidante, o sube frases duras a Facebook, sea alfa o beta, es insegura. Por eso necesita gritar, presionar, mangonear, etc. Se puede pelear por correo electrónico, por teléfono, por alguna red social o personalmente. Todo inseguro es rígido. Muchas veces es un híper moral que dice «Esto es así y sanseacabó», o el híper religioso que exagera el límite. ¿Por qué le sucede eso? Porque tiene miedo de pasar ese límite por su propia inseguridad. El alfa inseguro es peleador y su característica es que grita, impone, dice: «Esto es así porque sí, y punto.» El beta inseguro se queja: «No me llaman, no me atienden, no me ayudan.»

- **El inseguro se siente cuestionado por la seguridad del otro**

Al inseguro lo que más le molesta es el que está seguro. Es decir, si alguien gana más que él, le va a molestar (sea alfa o beta). Si yo felicito a alguien y otro pregunta por qué lo felicito y a él no, es un inseguro. La persona insegura cuestiona la seguridad de los demás. Toda persona que está pendiente de lo que hace el otro, lo que piensa el otro, lo que le pasó al otro, es insegura.

> «Tienes que esperar cosas de ti mismo antes de poder hacerlas.»
>
> Michael Jordan

4. SABER QUIÉN SOY

> «Dará un paso hacia su crecimiento o dará un paso hacia atrás, hacia su seguridad.»
>
> Abraham Maslow

El que es seguro no tiene problemas, ni como rey ni como siervo. ¿Por qué?

- **La persona segura sabe quién es**

Y se dice: «No tengo que hacer nada para saber quién soy, porque no valgo por lo que hago, sino por quién soy. Y como sé quién soy, no es necesario que demuestre nada.»

No valemos por lo que hacemos, por lo que tenemos ni por lo que sabemos, sino porque somos personas libres, con sueños y destino propio. La seguridad es saber cómo estoy afianzado, saber que no soy mi rol, no necesito nada externo para ser definido porque estoy afianzado en quién soy. El inseguro busca tapar su inseguridad mediante cosas externas, por eso sufre cuando las pierde. Cuando uno sabe quién es, no necesita nada externo para sentir que

> «Tan pronto como confíes en ti mismo, sabrás cómo vivir.»
>
> Johann Wolfgang von Goethe

es, no necesita un diploma para sentir que sabe. Ya sabe quién es.

• **La persona segura sabe cuál es su espacio y no pone cercos**

A una persona segura se le pueden proponer cosas, decirle: «¿Por qué no lo haces de esta manera?», y no se desespera ni se enoja, porque sabe cuál es su espacio y tiene claro su rol, en la vida privada y en el trabajo. No es individualista, no necesita vallar, al contrario. Entonces puede permitir que otro le aporte, le diga, le sugiera cosas.

Cuando en una pareja uno de los dos es inseguro, transforma a su cónyuge en su secretario o secretaria, al que le pide cuentas; pero cuando en un matrimonio los dos son seguros, se tratan como colegas, no se piden cuentas, son compañeros de ruta, comparten.

¿Por qué somos como somos? Por la interacción con los demás. Somos de determinada manera por la interacción con otros. El carácter se forma al relacionarnos con otros de cierta manera. Vosotros interactuáis con vuestros padres y vais forjando vuestro carácter, a veces parecido a mamá alfa o a papá beta.

Todos compartimos con otros y somos de acuerdo a esa interacción. Como vimos, los que hablan son los alfa. Los beta no hablan, pero son buenos ejecutores, esperan la orden del alfa para actuar, al beta seguro le gusta que le ordenen.

Siempre hay algo que no sabemos o no manejamos. Pero cuando una persona se dice: «Voy a crecer. Siempre habrá cosas que no sabré o que no sabré manejar, hoy es hoy y mañana será otro día. Tengo que aceptarlo», vive sin humillación y deja de cercar, de competir, de maltratar, de pelearse con todo el mundo. Hace las paces, no tiene envidia, no necesita símbolos externos. Simplemente es feliz y sabe quién es porque ha aceptado que es inseguro. En cambio, el que no quiere aceptar que es inseguro pelea contra eso, lo tapa, y entonces le va mal en la vida.

Todos cometemos errores y tenemos cosas que cambiar y corregir, pero hemos de saber cómo corregir nuestros errores y defectos. Y no solo los propios, sino también ayudar a otros a crecer y mejorar.

Tenemos que afianzarnos en lo bueno para que podamos cambiar lo malo. Por eso, hay gente que crece y avanza, porque se afianzan en el favor, en la gracia.

Seamos alfa o beta, caminemos con seguridad, con respeto, valorando al otro, sabiendo que cada uno tiene algo para dar y algo para compartir que seguramente sumará al proyecto que compartan.

13

TENGO MIEDO A HACER UN CAMBIO A ESTAS ALTURAS DE MI VIDA

1. La innovación, la puerta al futuro

La mayoría de nosotros crecimos en una sociedad tradicionalista o conservadora que nos enseñó a mirar atrás y aprender del pasado, con el objetivo de repetirlo en el presente. Por ejemplo, íbamos a la escuela para aprender una serie de conocimientos que luego tendríamos que aplicar tal cual. Del mismo modo, en las empresas siempre había un jefe que le decía a los empleados lo que debían hacer y exactamente de qué manera. Sin embargo, los tiempos han cambiado. Ahora, en lo que se refiere al futuro, los paradigmas son otros. Actualmente, la idea es no repetir nada, sino innovar, crear, hacer cosas nuevas. Ser creativo es, hoy por hoy, un valor necesario. Hasta hace unos años, el propietario

> «La innovación es lo que distingue a un líder de los demás.»
>
> Steve Jobs

de una peluquería vivía toda su vida de ese negocio; pero hoy, alguien que pretenda hacer de su peluquería su medio de subsistencia para siempre, fracasará. ¿Por qué? Porque actualmente el valor más importante es el progreso, la innovación, la creatividad, en definitiva, las cosas nuevas y útiles.

Según el doctor Mauro Rodríguez Estrada, hay cuatro motivos por los cuales hoy la innovación es tan importante:*

I. La automatización

En estos tiempos, todo lo que se pueda automatizar, se va a automatizar, excepto la gente creativa. Las personas creativas en cualquier área siempre tendrán trabajo, porque lo que viene es la creatividad, algo que no se puede obtener de una máquina. Por ejemplo, si vamos a viajar en avión, actualmente el *check-in* lo hace una máquina. La automatización se extenderá, y todo lo que se pueda repetir será tarea de las máquinas. Los únicos que quedarán contratados serán los que puedan aportar nuevas ideas.

II. La tecnología

La tecnología ha destruido la sociedad tradicional. Primero apareció el iPhone 1, después el 2, el 4 y hasta el 8. Pronto saldrá uno nuevo. Esto significa que todo va mejorando. Ya no se fabrican los mismos modelos de coche de siempre, los mismos televisores o las mismas neveras, porque la gente ya no quiere lo mismo, sino que busca algo

* RODRÍGUEZ ESTRADA, Mauro, *Creatividad verbal*, Pax México, Mexico DF, 2008.

mejor. Año tras año, la tecnología avanza, y para ello es indispensable la creatividad. Por eso, si pensamos mirando atrás, nos habremos quedado paralizados en el tiempo.

> «No hay innovación ni creatividad sin fracaso.»
>
> Brené Brown

La creatividad es el valor más importante para triunfar en el futuro.

III. La globalización

Antes, la gente iba a la peluquería del barrio, pero ahora busca en el móvil y prefiere atenderse en la peluquería donde le sirven café y le ofrecen algún servicio de calidad y confort. Del mismo modo, hasta hace unos años cualquier hotel que fuese agradable nos conformaba, pero hoy «googleamos» alojamientos y nos decidimos por un hotel que tenga spa, terraza, piscina climatizada, etc. Un muchacho me comentaba: «Ya me he ganado cuatro viajes a Miami por repostar combustible y sumar kilómetros»; una manera creativa de promover la fidelidad del cliente.

Todo va en avance, y la globalización hace que, si no somos creativos, nos quedemos fuera del sistema. Esta es la razón por la que, en muchos barrios, las pequeñas tiendas están desapareciendo. Muchos negocios se derrumban porque no aplican la creatividad.

> «El hombre de mente débil siempre tiene miedo al cambio. Él siente seguridad en el statu quo, y tiene un miedo casi mórbido por lo nuevo. Para él, el mayor dolor es el dolor de una idea nueva.»
>
> Martin Luther King Jr.

IV. La democracia

Las sociedades autoritarias se caracterizan por la imposición de una fuerte autoridad. Se dice a la gente lo que está bien, lo que está mal y cómo deben hacerse las cosas. Todos siguen las instrucciones y repiten lo mismo. Sin embargo, la democracia se ha vuelto cada vez más preponderante, ha ido creciendo. La gente ahora quiere decir lo que piensa y disentir. Opina sobre educación, fútbol, economía, política y ecología. Todos quieren expresar su parecer, por lo que la uniformidad de criterio ha desaparecido. Y esto también potencia la creatividad y la innovación.

2. ¿A QUÉ LLAMAMOS CREATIVIDAD?

A la capacidad de producir cosas nuevas y valiosas. Todos tenemos creatividad, y la usamos para vestirnos, para planificar un viaje, para reparar algún objeto doméstico, para hablar. Es decir, para concebir algo nuevo y útil, en este caso, para nosotros mismos. Necesitamos desterrar la idea de que para ser creativos tenemos que inventar el iPhone 42.

> «Mira lo que otros no ven. Luego muéstralo. Eso es creatividad.»
>
> **Brian Vaszily**

Por ejemplo, el *walkman* nació hace casi treinta años, como fruto del afán creador y la intuición de Masaru Ibuka, con el apoyo de Akio Morita, fundadores ambos de Sony. Tras comercializar una grabadora monoaural de pequeño tamaño para periodistas (el *pressman*), intentaron hacerla estereofónica; al incorporar los nuevos circuitos ya no quedaba espacio en el aparato para la función de grabación, de modo que el resultado era un reproductor portátil de cintas de audio, que precisaba de auriculares externos. Los ingenieros consideraron el proyecto un fracaso, aunque utilizaban el prototipo en el laboratorio para escuchar música.

Ibuka, ya como presidente honorario, pero atento a la marcha de las cosas, lo escuchó casualmente e imaginó enseguida a jóvenes que, mientras caminaban o andaban en bicicleta, escuchaban música con el nuevo reproductor y sin molestar a nadie. Así lo expuso a Morita, que entonces dirigía la compañía, y este decidió fabricarlo a pesar de los informes desfavorables y el escepticismo de sus colaboradores. En julio de 1979 se lanzaron al mercado 30.000 unidades que se vendieron en apenas dos meses. Diez años después, se habían vendido 50 millones de unidades; en 1992 se alcanzó la cifra de 100 millones; en 1995, la de 150 millones... Ibuka estaba muy seguro de que se vendería; lo que seguramente no pudo imaginar fue la dimensión del éxito.*

«Si puedes soñarlo, puedes lograrlo», afirmó el mundialmente conocido Walt Disney, el maravilloso creador de mundos de fantasía. Su idea encierra dos principios esenciales para que nuestros sueños se vuelvan realidad:

* Fuente: *https://www.taringa.net/posts/info/1204835/Tres-historias-de-innovacion.html*

1. Visión de futuro.
2. Voluntad para llevar a cabo esa visión.

> «Otros han visto lo que es y preguntaron por qué. Yo he visto qué podría ser y he preguntado por qué no.»
>
> Pablo Picasso

En una ocasión, en la escuela, el pequeño Walt dibujó flores con ojos y boca. Cuando la maestra vio el dibujo, lo corrigió: «Walt, las flores no pueden ver ni hablar...», pero el niño respondió: «¡Mis flores sí pueden!»

3. ¿POR QUÉ NOS CUESTA INNOVAR?

> «No somos criaturas de las circunstancias; somos creadores de circunstancias.»
>
> Benjamin Disraeli

Las ideas que salen de lo común suelen molestar a la mayoría de la gente. Esta es la razón por la que los innovadores son tan combatidos. Ante una idea original, se suelen escuchar comentarios como «es imposible», «¡qué locura!», «nunca se hizo así», «es complicado hacerlo de ese modo». ¿Alguna vez nos dijeron frases así cuando presentamos un proyecto? No debemos permitir que la gente ahogue nuestra creatividad y la posibilidad de desarrollar ideas creativas.

> «La innovación no es cuestión de dinero, es cuestión de personas.»
>
> Steve Jobs

Ahora bien, la voz negativa no solo puede ser externa, también puede venir de nuestro interior. A veces, por temor a lo que pensará la gente, por comodidad o por dejarnos guiar por opiniones ajenas, escuchamos la voz de la negatividad y decidimos mantenernos en lo viejo conocido. No nos atrevemos a enfrentar la incomodidad de ir tras lo nuevo desconocido. Por muchas ideas maravillosas que una persona tenga, si no se anima a ponerlas en práctica, anula su potencial creativo, se paraliza y entonces deja de crecer en la vida.

Innovar implica correr riesgos, pisar terreno desconocido, y no todo el mundo está preparado para eso. Frente al desafío, suele regresar a nuestra mente toda la «programación» con que crecimos. Muchos escuchamos a nuestros padres repetir una y otra vez: «Cuídate», «No confíes en nadie», «Mejor ir a lo seguro», y frases por el estilo. Esta manera de pensar echa raíces en nuestra mente y luego nos hace dudar: «¿Y si me va mal? No; mejor no lo intento.»

Ir tras cosas o sueños desconocidos, que nos presentan desafíos, nos moviliza, nos saca de nuestra rutina diaria, de nuestra zona confortable, y todos esos movimientos nos producen una sensación de temor. «¿Qué pasa si no me va bien?» Frente a los cambios, es normal y lógico sentirse así. Pero todas las personas que admiramos y alcanzaron el éxito se atrevieron a poner un pie fuera del bote y caminar sobre las aguas. Si deseamos que una situación en la que ya no nos sentimos cómodos cambie, tenemos que estar dispuestos a arriesgarnos.

> «El que quiere hacer algo conseguirá un medio para hacerlo, el que no, una excusa.»
>
> Stephen Dolle

En la actualidad, los cambios se suceden a un ritmo acelerado y no se detienen. A pesar de ello, hay personas que se niegan a cambiar, y aunque han comprobado repetidas veces que sus viejas ideas resultan obsoletas y ya no funcionan, prefieren insistir y mantenerse aferradas a ellas. Es tiempo de renovarnos y anhelar lo nuevo. Para eso, es preciso vencer el temor, extender la mirada y observar el mundo de posibilidades que la vida nos ofrece. No temamos a la innovación. Atrevámonos a materializar nuestras ideas, incluso cuando a la gente le parezcan «disparatadas». ¡Animémonos a hacer lo que nunca nadie hizo! Seguramente cometeremos errores, pero que eso no nos detenga. A pesar de las equivocaciones y los inconvenientes que haya que sortear, sigamos perseverando, porque en el proceso nos formaremos, aprenderemos, creceremos y, finalmente, obtendremos resultados que jamás esperamos alcanzar.

Tres jóvenes estudiantes nos dan un gran ejemplo de un proyecto que parecía disparatado hasta que decidieron emprenderlo.

En Chile, tras quedarse sin batería y no lograr enviar un trabajo a su profesor, tres estudiantes de ingeniería lamentaron no poder cargar sus dispositivos. «Si tan solo pudiésemos enchufarnos a las plantas», pensaron en aquel momento, y ese fue el puntapié inicial. Las tres estudiantes siempre se habían sentido atraídas por el emprendimiento y la innovación. Y después de años de esfuerzo e investigación lograron un prototipo que puede obtener de las plantas energía para cargar completamente un móvil o una *tablet* en 90 minutos. No existe nada similar en el mundo, por lo que tiene mucho campo para crecer y ayudar sin dañar el medio ambiente. «Es energía limpia que se obtiene gracias a lo que nos da la tierra, sin destruirla», explica una de las creadoras. La invención ya mereció varios premios internacionales. Esperan patentarla pronto y consolidar una empresa de energía sostenible.*

¡En cada uno de nosotros hay creatividad para producir algo nuevo y útil! Aun en los momentos más difíciles o de adversidad, nuestra creatividad y capacidad de innovación puede sorprendernos. No debemos tenerle miedo a lo nuevo, a lo desconocido. Muchas veces, avanzar hacia aquello que no sabemos cómo funcionará nos hace sentir inseguros, pero no podemos frenarnos ni limitarnos a un miedo o una inseguridad que no están basadas en datos concretos. Lo mejor no está atrás, sino delante: ¡lo que viene siempre es mejor que lo que ya pasó!

*¡Tú y yo somos una fábrica de innovación,
de creatividad!
Todos los recursos están en nuestro interior.*

La creatividad no solo se pone de manifiesto en el invento de un nuevo móvil o en el motor de un coche, etc., sino que podemos ser innovadores y creativos en todas las áreas. Podemos ser creativos en la pareja, en los negocios, en nuestra vida en general, con nuestros afectos. Cada uno de nosotros puede generar ideas útiles, buenas y fres-

---

* Fuente: *http://www.duoc.cl/ver/noticia/como-una-anecdota-entre-estudiantes-llego-ser-un-innovador-prototipo-que-busca*

cas que nos llevarán a vivir una vida de nuevos desafíos, nuevas pasiones y nuevas oportunidades.

Si queremos aprender para repetir algo viejo,
estaremos fuera del sistema.
En cambio, si vamos en pos de lo nuevo,
tendremos ideas brillantes, extraordinarias y maravillosas.

Muchos de nosotros, aunque tengamos un buen móvil, solo conocemos dos o tres funciones. Lo cierto es que el aparato tiene cientos de funciones, y aún más si descargamos nuevas aplicaciones, pero muchos desconocemos esta capacidad. Lo mismo ocurre muchas veces con nuestra vida. Desconocemos esa capacidad de innovación y creatividad que está en nuestro interior y que podemos desarrollar.

En muchas situaciones, las cosas no son de una manera y punto, sino que podemos mejorarlas, recrearlas. «No soy capaz» o «No creo que resulte» son frases que deberíamos quitar de nuestra mente. Siempre podemos darle una vuelta a los hechos, a las cosas, y mejorarlas. Cuanta más libertad le demos a nuestra creatividad, aunque sea con acciones pequeñas, descubriremos todo lo nuevo que somos capaces de producir y pondremos en marcha una mejora continua en todas las áreas de nuestra vida.

> «El valor de la innovación no está en evitar que te imiten, sino en conseguir que todos te quieran imitar.»
>
> **Enrique Dans**

14

MIEDO A SER RECHAZADO

1. EL PORQUÉ DE LAS MÁSCARAS

Todos los seres humanos usamos máscaras: son las actitudes de las que hacemos uso para escondernos de los demás. Todos somos expertos en utilizar alguna máscara. ¿Por qué? Porque tenemos miedo al rechazo.

En algún momento de la vida, los seres humanos sentimos miedo de que alguien en particular nos rechace. Como tenemos actitudes que nos daría vergüenza que los demás descubrieran, las tapamos con las máscaras.

> «Una máscara nos dice más que una cara.»
>
> Oscar Wilde

Podemos clasificar las máscaras en tres categorías:

a. Las máscaras ocasionales

Son las que usamos en un momento y luego descartamos. Por ejemplo, estamos hablando con una persona adinerada y nos comportamos como si nosotros también tuviéramos mucho dinero.

b. Las máscaras especiales

Son las que usamos para disfrazar un área especial o para mostrar que somos buenos en determinado rol. Por ejemplo, cuando le mostramos a todo el mundo que somos buenos padres o madres, o que somos trabajadores dedicados. En realidad, estamos tapando algún aspecto que nos disgusta de nosotros mismos.

c. Las máscaras permanentes

Y, por último, hay gente que usa máscaras para ocultar toda su vida. Son las personas que comúnmente se denominan «hipócritas». El hipócrita no es aquel que ocasionalmente esconde un área, sino el que muestra una vida que en realidad no tiene. En el antiguo teatro griego, el hipócrita era el actor que usaba una máscara. La palabra no tenía la connotación negativa que tiene hoy en día. Si el público veía a un gran actor, que lograba convencerlo con el rol que estaba desempeñando, solía exclamar: «¡Qué gran hipócrita!»

Todos, nos demos cuenta o no, usamos alguna máscara ocasional. Por ejemplo, cuando somos mayores y estamos en compañía de gente joven. Lo hacemos para no desentonar (en el fondo, por miedo al rechazo).

Las máscaras suelen provocar risa. Imaginemos que

empezamos a usar una máscara y la gente se ríe de nosotros. De pronto, queremos sacárnosla porque nos da vergüenza, pero resulta que la máscara se nos ha pegado al rostro... Lo queramos o no, tenemos que ir a trabajar, caminar por la calle y asistir a cualquier actividad social con la máscara puesta. Entonces, lo que antes nos hacía sentir seguros, ahora nos incomoda. Eso es precisamente lo que hacen las máscaras: nos ocultan por un tiempo y entretienen a los demás, pero al final terminan trayendo dolor. Una máscara necesita de más y más máscaras para ser sostenida.

Los primeros que usaron una máscara en la historia fueron Adán y Eva. Cuenta la Biblia que cuando desobedecieron a Dios, se cubrieron con hojas de higuera. ¿Por qué lo hicieron? Porque tuvieron miedo.

El miedo al rechazo es la base para que una persona haga uso de una máscara. Si siento que he cometido un error, o que tengo un defecto, o me siento desnudo, recurro a una máscara. Tal como hicieron Adán y Eva. Un área desnuda es un aspecto nuestro, por lo general negativo, que nos hace creer que seremos rechazados por el otro.

El problema nunca es la máscara. Esta es solo un banco de niebla para mantener oculto lo que no quiero que los demás descubran de mí.

> «Cuando llevas una máscara mucho tiempo, te olvidas de quién eras debajo de ella.»
> **Alan Moore**

2. LIBRES DE MÁSCARAS

En primer lugar, debemos reconocer que usamos máscaras y saber que no las necesitamos, que podemos darnos a conocer tal como somos. Para ello, tenemos que aceptarnos con virtudes y defectos. Nadie es perfecto. Nadie es mejor que nadie. Todos cometemos errores, lo cual no nos convierte en errores, sino en seres humanos que crecen, evolucionan, cambian y son capaces de superarse a sí mismos con el paso del tiempo. Por eso, ¡no necesitamos usar máscaras!

Si lo entendemos y descubrimos nuestra propia desnudez, ya no necesitaremos ocultarnos y tampoco juzgar la desnudez de los demás. Hay personas que tienen los ojos puestos en todo el mundo para desenmascarar la desnudez ajena y señalar las faltas de este y aquel. Pero quien se acepta a sí mismo se concentra en su persona y solo compite consigo mismo para crecer y avanzar en la vida.

Para ser libres de las máscaras (o de la necesidad de usarlas), deberíamos sanar tres áreas fundamentales:

a. Mi niño interior

Todos, independientemente de nuestra edad, necesitamos activar nuestro niño interior. Ese niño es la capacidad de divertirse, de jugar y reír. Cuando somos chicos, lo hacemos naturalmente. Pero con los años

> «Si llevas tu infancia contigo, nunca envejecerás.»
>
> **Tom Stoppard**

y los golpes de la vida y, sobre todo, los miedos que tenemos, muchas veces anulamos esa capacidad y nos volvemos personas amargadas y llenas de emociones negativas que afloran al primer conflicto.

Todo el dolor que experimentamos en la vida tiene que servirnos para que nazca en nosotros algo bueno. Y cada vez que entremos en un lugar nuevo, debemos hacerlo como niños, divirtiéndonos, riendo y jugando. Al nuevo año, entremos como niños. A ese trabajo nuevo, entremos como niños. A los proyectos nuevos, entremos como niños. Solo cuando uno restaura su niño interno, puede entrar adonde sea con alegría y entusiasmo, esperando siempre lo mejor. ¿Cómo son los niños? Además de jugar, reír y pasarlo bien...

- Los niños no viven en el pasado, sino en el presente. Olvidan rápido, precisamente porque están anclados en el hoy.
- Los niños saben pedir disculpas, perdonar y seguir adelante. Ellos no atesoran rencor, juegan, se pelean y, a los pocos minutos, son amigos de nuevo.
- Los niños hacen uso de su imaginación, se sorprenden y se entusiasman con cada nuevo descubrimiento que hacen.
- Los niños son naturalmente cariñosos y espontáneos.

¡Juguemos, riamos y divirtámonos como niños un poco más!

b. El adulto que soy

El niño juega, el adulto conquista. El segundo rol que es fundamental restaurar en nuestra vida es la capacidad de conquistar. Está bien jugar, reírse y divertirse, pero hay momentos en los que hay que conquistar y ensanchar el territorio, es decir, ir por más. El miedo anula la capacidad de conquista y nos vuelve ineficaces. De ahí, la importancia de sanar todas nuestras heridas a nivel emocional y caminar como adultos libres.

c. Mi capacidad de paternidad

El niño juega, el adulto conquista y el padre da. Está bien jugar y divertirse; está bien conquistar. Pero, además, debemos activar la capacidad de formar y cuidar a alguien. Porque lo que yo hago con otros, alguien en algún momento lo hará por mí. La ley de la siembra y la cosecha dice que lo que uno siembra, también cosechará, sea bueno o malo. Elijamos sembrar en positivo, ser mentores y dejar huella en la vida de los demás. Un padre entrena, sigue, imparte, cuida, llama, se ocupa.

El niño es el que se divierte y lo pasa bien. El adulto es el que conquista, el que pelea y gana más territorio. Pero el padre es el que da la bendición y cuida, el que abraza y se vuelca en otros. Los tres roles funcionando en conjunto

> «Mi padre me dio el mayor regalo que cualquier persona podría darle a otra persona: creía en mí.»
>
> Jim Valvano

nos liberan de la necesidad de usar máscaras y ocultarnos de los demás.

3. CAMBIAR DE ATMÓSFERA

Si, por ejemplo, llegamos a un lugar donde abunda el orgullo, cambiamos ese clima con la actitud opuesta: la humildad. Hay actitudes que podemos adoptar, que nos permiten cambiar la atmósfera que nos rodea, y alejar los temores. ¿Cuáles son? Veamos.

- **Armar redes**

Hoy en día nadie ignora la importancia de las redes sociales. Una red que conecta a todo el mundo (Internet) cambió la historia para siempre. Aprendamos a conocer gente nueva, a relacionarnos con aquellos con quienes nunca hablamos antes, a buscar y contactar con quienes puedan ayudarnos cuando lo necesitemos. Así se va armando una red, porque cada persona conoce a alguien que conoce a alguien que puede sumarle valor a nuestra vida. Lo importante es conectarse con gente clave, capaz de proporcionarnos un aporte positivo.

- **Ser ordenados**

Allá donde nos encontremos, ya sea al frente de una empresa o a cargo del propio hogar, desarrollemos el hábito del orden. La gente ordenada no deja cosas tiradas, apaga la luz cuando sale de la habitación, cierra el grifo cuando ya no necesita agua, respeta las señales de tráfico, etc. Porque cuida los recursos propios y ajenos y valora todo lo que tiene. Cuando habla de números, lo hace con exactitud y nunca se endeuda por cuestiones que no sean prioritarias.

- **Pronunciar palabras amables**

Las palabras amables cambian ambientes e influencian en los demás. Podemos decidir ir a un lugar donde hay discusión, tristeza, amargura, desánimo, etc., y no permitir que eso nos marque, sino marcar nosotros el lugar mediante nuestras palabras amables. Por eso, cuando los antiguos llegaban a un lugar decían «paz». No era un saludo, sino que estaban llamando a que la paz se manifestara en ese lugar. Porque lo que determina un ambiente gobierna el territorio. Si llegamos casa y nuestro esposo o esposa, o nuestro hijo, está gritando, este gobierna el territorio. Pero nosotros también podemos gobernar el territorio, fomentando una atmósfera de paz a través de nuestras palabras.

> «Las palabras amables pueden ser cortas y fáciles de pronunciar, pero sus ecos son infinitos.»
>
> **Teresa de Calcuta**

Hay dos actitudes extraordinarias que tienen que ver con lo que hablamos:

- **Validar a los demás**

«Me gusta cómo lo has hecho», «Me gusta cómo te has vestido». En esto consiste el validar a los demás. La gente no cambia por presión ni por crítica, sino cuando la validamos y hablamos bien de ella.

- **Compartir nuestras experiencias positivas**

Hablar de todo lo bueno que nos ha sucedido en la vida determina el clima e influencia a los demás. Cambiemos el clima de nuestra casa, de nuestro barrio, de nuestros trabajos y, como resultado, soltaremos todo lo bueno que hay en nosotros y jamás necesitaremos volver a usar una máscara por miedo a ser rechazados.

15

ME PREOCUPA NO SER ACEPTADO

1. «DESTERRADOS»

En algún momento de la vida, frente a un dolor, una frustración o un fracaso, todos hemos sentido angustia. ¿Quién no ha pasado por una frustración en alguna faceta de su vida? ¿Quién no ha cometido alguna vez un error que lo llevó al fracaso? Todos hemos fracasado alguna vez. Y hemos comenzado a reprocharnos nuestro error.

El reproche nos duele porque nos saca de la manada. En la antigüedad, cuando alguien era desterrado moría, porque solo se sobrevivía en grupo. Eso está grabado en algún lugar de nuestro ADN ancestral. Entonces, cuando alguien nos critica, nos reprocha, automáticamente se enciende ese primitivo temor a ser desterrados y no poder sobrevivir. Por eso, cuanto más insegura es la persona, con mayor intensidad vive este «destierro», y de ahí que muchas veces al reprocharse a sí mismo o al otro, agrede.

El reproche es una herida a la autoestima, es una agre-

> «Irritarse por un reproche es reconocer que fue merecido.»
>
> Tácito

sión al narcisismo que todos tenemos. Si tenemos en claro cuáles son nuestras fortalezas y nuestras debilidades, recibimos el comentario y nada más. Pero en las personas inseguras, la voz externa actúa como una lupa que magnifica su inseguridad.

El autorreproche es la rabia contra nosotros mismos por sentirnos impotentes. Inmediatamente vienen síntomas, sensaciones, frustraciones y preguntas. Eso se ve muy claro cuando alguien fallece. Muchas personas, ante la impotencia de no poder hacer nada, se preguntan «Por qué hice esto», «Por qué no hice esto», «Cómo no me di cuenta». Y se responden: «No sirvo para nada», avergonzados por haber fallado de tal o cual manera.

2. REPROCHE *VS.* ACCIÓN

El reproche nos enferma. Si todo el tiempo reprochamos a los otros sus conductas, sus acciones, seguramente terminaremos aislándonos de la gente que amamos y nos rodea. Pero hemos de saber que nunca es tarde para reparar ese error y salir adelante. Cambiemos el reproche por acciones concretas. Nada se resuelve por sí solo. Con solo desearlo no se logra avanzar. Las cosas se resuelven por decisión y cambios de acción y de conducta. O somos personas de acción o somos personas de teoría que vivimos de reproche en reproche. Veamos algunas ideas prácticas para dejar atrás el reproche y seguir adelante:

• **Siempre que me caigo, tengo que levantarme con una enseñanza**

Si caemos, si nos equivocamos, no nos levantemos rápido. Necesitamos observar bien, porque allí donde caímos seguramente hay una enseñanza que podemos extraer de esa caída. Para avanzar necesitamos mirarnos hacia dentro. Si alguien, por ejemplo, es despedido de su empleo, ¿qué hace? Enseguida protesta: «¡Mi jefe no valora mi trabajo!», pero no mira para ver qué ha perdido. Ha perdido el trabajo, pero, antes, quizá perdió el respeto, la puntualidad, el carácter, etc. Alguien que ha perdido a su pareja, que se fue y lo dejó, antes perdió la comunicación, el cariño, etc. Antes de perder algo, siempre hemos perdido otra cosa. Por eso, junto con la caída necesitamos descubrir qué perdimos, en lugar de rápidamente culpar al otro. ¡Mirar y aprender!

> «La acción es la clave fundamental de cualquier éxito.»
> Pablo Picasso

El justo cae pero vuelve a levantarse. ¿Cómo consigue levantarse? Habiendo aprendido algo. Por eso, no reprochemos al otro, miremos lo que nosotros hemos ido perdiendo. Siempre hay algo que aprender.

> «Estoy convencido de que la mitad que separa a los emprendedores exitosos de los no exitosos es pura perseverancia.»
> Steve Jobs

- **Tengo que ser proactivo**

¿Qué significa ser proactivo? Cuando vamos a otro lugar en avión y no nos conocen, en el aeropuerto siempre nos recibe alguien que exhibe un cartel con nuestro nombre. En cualquier aeropuerto vemos a todos esos hombres que permanecen de pie pasivamente, enseñando el cartel con el nombre de la persona que están esperando, para que esta lo vea y se acerque. Y también vemos a otros hombres que, además del cartel, tienen una foto de la persona y están mirando atentamente, con la imagen en mente, para distinguir al que esperan. Esas personas tienen características de líderes, son proactivas. El pasivo no actúa, el activo hace lo que se le pide, y el proactivo hace un poco más porque ve un poco más. Si uno quiere que le vaya bien en la vida, tiene que ver un poco más. A ese señor que sostiene el cartel con un nombre le dijeron: «Ve a buscar a tal persona al aeropuerto», y él cumple con su trabajo, llega en hora, escribe el nombre sin errores y espera que aparezca esa persona. Está muy bien, pero seguramente no va a avanzar mucho en la vida, siempre va a ser un seguidor y no un líder. Un líder es el que ve un poco más y hace un poco más, es el que, a pesar de que se le cayó el cartel, sigue mirando la foto y esperando. Hay que ver un poco más para ser un líder.

A los adultos nos dicen que no y nos conformamos; a un niño le dicen que no y empieza a negociar: «Quiero un helado.» «No.» «Medio helado.» «Tampoco.» «Un cuarto de helado... helado, helado, helado, helado.» Los adultos somos conformistas, los niños son insistentes y preguntan, negocian, juegan. ¿Recordáis cuando éramos niños? Teníamos más imaginación, hacíamos una pelota con un calcetín y jugábamos. Después nos imaginábamos como el mejor jugador del mundo, porque veíamos más allá. Si uno ve más allá, obtendrá grandes beneficios, por ejemplo, tendrá más ímpetu. Cuando vemos más allá, nos ponemos en movimiento y no importan los problemas que aparezcan en el camino. Si vemos más allá y estamos en movimiento, atravesaremos todos los problemas. Necesitamos activarnos, motivarnos y ver más allá. Eso es ímpetu. Hay personas que ven un papel en el suelo y dicen: «No me corresponde a mí recogerlo.» En una empresa donde fui a dar una charla me contaron que los empleados ven un papel en el suelo y no lo recogen porque no es su tarea, y dicen: «Si quieres que lo recoja, págame», y presentan una queja al comité sindical. Esas personas cumplen con su trabajo pero no ven más allá. Cuando alguien recoge ese papel que no le corresponde, por el simple hecho de querer que esté todo mejor, tiene mentalidad de avance, y eso es parte del crecimiento. Dice John Maxwell que tu tope es el techo de tu casa, de tu empresa. Esos lugares crecerán hasta tu tope, pero si tu tope rompe tu techo, tu gente y tú mismo crecerán más. Rompamos nuestro tope, ya que cuanto más alto sea ese tope, más creceréis nuestra gente. Si devaluamos a otros, nos devaluamos a nosotros mismos; y si alzamos a otros, nos alzamos a nosotros mis-

> «Lo que uno consigue al llegar a su destino nunca es tan importante como aquello en que se convierte tratando de alcanzarlo.»
>
> **Zig Ziglar**

mos. Las personas con visión no se devalúan, alzan a los demás y a sí mismos.

- **Tengo que disfrutar del esfuerzo**

Para ver más allá, siempre hay que esforzarse. Valoramos las cosas que nos costaron. Aprendamos a valorar aquello que amamos. ¿Cómo sabemos si valoramos verdaderamente aquello que amamos?

Tenemos que preguntarnos:

¿Cuánto tiempo invertimos?

Si amamos a nuestros hijos, ¿cuánto tiempo les dedicamos? Si realmente queremos estudiar, ¿cuánto tiempo dedicamos al estudio?, ¿muchas horas por semana? Entonces valoramos el estudio.

¿Cuánto esfuerzo le ponemos?

Cuando era adolescente, mi profesor de clarinete, Salomón Jacobson, me decía: «Luis, tienes que tocar todos los días una hora.» «Pero no quiero tocar una hora.» «Pues tienes que esforzarte y tocar una hora». Y yo lo hacía todos los días y después iba a tocar con una orquesta de jazz y la gente aplaudía. Mi profesor me recordaba: «Eso es porque te esfuerzas, Luis.»

Con nuestros hijos pasa lo mismo. En primer lugar, *nuestros hijos necesitan aprender que placer y esfuerzo es lo mismo.* La cultura los dividió. Placer: alguien disfrutando tumbado al sol en una playa. Esfuerzo: alguien trabajando duro y sufriendo. Pero esfuerzo y placer son lo mismo, van

> «Esfuerzo y coraje no son suficientes sin propósito y placer.»
>
> John F. Kennedy

de la mano. No hay nada más bonito que algo que nos haya costado, por lo que hayamos luchado y al mismo tiempo lo hayamos disfrutado.

En segundo lugar, *tenemos que dejar que nuestros hijos hagan las cosas por ellos mismos.* No nos apresuremos a ayudarlos cuando algo no les salga. Si en la escuela los desaprueban, algunos padres dicen: «¡Ese profesor no sabe enseñar!» ¡No, eso no sirve! Podemos preguntarles: «¿Qué piensas hacer para levantar esa asignatura?», y dejar que ellos mismo forjen ideas, que propongan y elijan la mejor opción.

Y en tercer lugar, *a los hijos lo que les da estima no es nuestra felicitación, sino sus logros.* Está bien decirles: «Bien, hijo, eres un genio, un campeón, te quiero.», porque somos su padre o su madre. Pero lo que les da autoestima son los logros, lo que ellos mismos pueden lograr. Así pues, tenemos que permitirles que lo intenten. Observar sus acciones, pero dejando que se esfuercen, se equivoquen y vuelvan a intentarlo.

¿Cuánto esfuerzo le ponemos a aquello que decimos valorar? ¿Cuánto esfuerzo ponemos en mejorar la relación con nuestra pareja o en dedicar tiempo a nuestros hijos? Debemos formularnos estas preguntas casi diariamente porque todo lo que valoramos se multiplica.

16

MIEDO A LA MUERTE

1. Igualitaria y universal

Los seres humanos somos los únicos de la Creación que sabemos que algún día moriremos. No importan los *lifting*, la actividad física o la comida sana, moriremos igual. La muerte es *igualitaria y universal* para todos.

Cada vez que vemos la muerte en televisión, pensamos que le ocurre al otro, tendemos a proyectarla en los demás. Muchas veces nos reímos ante la muerte por la angustia que nos genera saber que somos finitos. Por eso, es común contar chistes en un velatorio. Es la manera de decirnos que «nosotros aún estamos con vida», que no somos el que está en el ataúd, ya que la muerte del otro que lloramos nos recuerda nuestra propia finitud. Cuando uno llora a una persona que ha partido, no está solamente llorando al otro; se está llorando a sí mismo, porque sabe que algún día estará en ese lugar.

Si bien tenemos la imagen del Cielo como un lugar

> «Después de todo, la muerte es solo un síntoma de que hubo vida.»
>
> Mario Benedetti

maravilloso, lleno de paz o amor, la verdad es que nadie quiere irse ahora. ¡Nadie! Imaginamos que es un lugar donde quizás estaremos mejor que aquí, pero no queremos ir a él hasta más tarde.

Un viejo chiste cuenta que...

Un predicador clamaba con autoridad:
—¿Cuántos quieren ir al Cielo?
Todo el mundo levantó la mano, excepto una persona. Cuando el predicador la vio, le preguntó:
—¿Por qué usted no levanta la mano?
—Por la forma en que lo preguntó, me hizo suponer que usted nos quiere llevar allí esta misma noche...

Por lo general, la muerte despierta varios miedos en nosotros. Básicamente, dos grandes miedos:

1. Cómo vamos a morir.
2. Qué encontraremos después de la muerte.

Muchos expresan: «A mí me gustaría morir sin perder antes la lucidez» o «No quiero sufrir antes de morir». Todos le tenemos el miedo al *cómo*.

Y también está el miedo al «después», al «más allá». Algunos preguntan: «¿Voy a ir al Cielo o al infierno?» Y otros incluso no creen que haya nada después de la muerte.

Para aquellos que tenemos fe, la muerte es simplemente «cambiar de vehículo»: dejar el cuerpo y pasar a la presencia de Dios. El gran predicador Moody dijo: «Cuando lean en los diarios que Moody ha muerto, no les crean; será el día que más vivo esté.» Víctor Hugo declaró: «No he muerto; retomaré mi trabajo por la mañana.» Para un creyente, la muerte no es un punto, es una coma; no es un muro, es una puerta a un estado mejor. Tal convicción no anula pero disminuye grandemente el miedo a morir que todos tenemos.

> «La muerte es algo que no debemos temer porque, mientras somos, la muerte no es, y cuando la muerte es, nosotros no somos.»
>
> Antonio Machado

2. CUATRO REGALOS PARA DISFRUTAR

Lo importante no es *cuándo vamos a morir*, sino *cómo vamos a vivir* hasta ese día. Mientras llega el momento de partir, la vida nos ofrece estos cuatro regalos para vivirla con intensidad, alegría y éxito:

> «No temas tanto a la muerte, sino más bien a la vida inadecuada.»
>
> Bertolt Brecht

I. Riqueza de deseos

Prosperidad no es sinónimo de tener mucho dinero. Mucha gente que tiene riquezas materiales no es feliz.

El dinero es relativo: si yo gano 5.000 dólares puedo sorprender a alguien que gana 2.000, pero no a alguien que gana 100.000. Si tengo un millón de dólares, puedo sorprender a muchos pero no al que tiene cien millones. Cantidad no es prosperidad; prosperidad es cómo me relaciono con lo que tengo. Una persona puede tener poco y aun así ofrendarlo a alguien más necesitado. Porque esa persona se relaciona con lo poco que posee con libertad. La prosperidad no depende de cuánto tengamos, sino de cómo nos relacionamos con nuestras posesiones.

Todos los seres humanos tenemos necesidades. Las básicas son dos: comer y dormir. De lo contrario, nos morimos. Si tenemos trabajo, ambas necesidades son fáciles de satisfacer. Pero existe otro nivel de necesidades que son los «deseos». Un reloj, ¿es una necesidad? No; es un deseo. ¿Tener una casa es una necesidad? No; es un deseo (porque es posible vivir sin casa propia). ¿Internet es una necesidad? Depende de para qué lo usemos. ¿Cuáles son entonces las verdaderas necesidades? Comer y dormir. Fuera de eso, todo lo demás son deseos.

El miedo a la pobreza no se debe a no saber cómo vamos a satisfacer nuestras necesidades básicas, porque es posible satisfacerlas incluso sin trabajo (hasta los pájaros son capaces de satisfacer sus necesidades). En realidad, tenemos miedo de que nuestros deseos no se cumplan.

¿En qué consiste es nuestro error? En confundir deseo con necesidad.

«Necesito un coche nuevo»: no es así, uno solo *desea* cambiar de coche.

«Necesito Internet»: no, uno *desea* tener Internet en casa para estar conectado con el mundo.

Todos tenemos deseos, pero es importante entender que estos no son necesidades. Se puede vivir sin pareja, sin ir al teatro todos los meses, etc. Pero no se puede vivir sin comer o sin dormir.

Nuestras necesidades básicas siempre van a estar satisfechas, de una u otra manera, pero fuimos diseñados como seres que tienen y buscan satisfacer también sus deseos. Los deseos tienen que ver con los sueños, con todo aquello que nos apasiona y nos impulsa a avanzar y superarnos. ¿Le hemos prestado atención últimamente a nuestros deseos? Os propongo escribir una lista de diez cosas que nos gustaría hacer antes de morir. No hay que temer introducirse en la tierra de los deseos.

Pero ¿cómo alcanzamos nuestros deseos? La clave está en entrar en *multiplicación*. Los sembradores tienen semillas y las arrojan a la tierra. La única manera de alcanzar los deseos no es trabajando, como muchos creen, sino multiplicándonos. ¿Y cómo nos multiplicamos? ¡Sembrando! Cuando sembramos en otros, lo que sea: dinero, tiempo, palabras, abrazos, nos multiplicamos. Porque todo lo que sembramos lo cosechamos multiplicado. Tu vida y la mía están diseñadas para alcanzar nuestros deseos. Donde vayamos, convirtámonos en un sembrador, en un dador, y veremos cumplidos todos nuestros deseos.

II. Riqueza de palabras

Una persona rica en palabras es alguien que avanza en la vida, porque nuestra fortaleza y nuestra debilidad no están en lo que nos sucede en el camino, sino en nuestra boca, en lo que hablamos. Nuestras palabras siempre impactan en los demás, sean positivas o negativas.

¿Nuestras palabras impactan positivamente en los demás? Si queremos ser ricos en palabras, debemos cultivar nuestro ser interior.

Yo siempre voy detrás de gente que me impacte al hablar; por eso, cuando quiero superarme a mí mismo, no escucho a cualquier persona. Elijo escuchar a los mejores.

Hay gente que no impacta positivamente a nadie ni se deja impactar de ese modo por otros. Debemos enriquecernos con palabras de impacto, pues ellas tienen el poder de motivarnos y levantarnos, sobre todo cuando nos caemos, para seguir adelante. Si nos lo proponemos, de nuestro interior saldrán palabras que impulsarán los sueños de los demás y, a su vez, otros impulsarán los nuestros con sus dichos. Para ello, alimentémonos de palabras de fe, palabras de éxito y palabras de resultado. Entonces viviremos una vida impactada, a pesar de las dificultades. Tal vez hemos vivido con palabras que nos adormecieron, que nos anestesiaron, que nos programaron para lo malo; pero podemos elegir desprogramarnos y comenzar a elegir nuestras palabras: las que pronunciamos y las que escuchamos. Escribamos un nuevo capítulo de nuestra historia.

III. Riqueza de herencia

La familia es la extensión de uno, y todo lo que logre capturar para sí mismo es una bendición que transmitirá en herencia a los suyos. Por eso, no es egoísta buscar mejorar y atraer las mejores cosas hacia uno. Porque todo lo que le pase a él, ¡le pasará también a los suyos! Si su hijo está triste, lo ideal es buscar llenarse de alegría para transmitírsela al pequeño. Esa es la manera de ser un transmisor de herencia. Todo lo que uno experimente (lo bueno y también lo malo) pasará a los suyos.

IV. Riqueza de vida interior

Tener vida interior, cuidar el espíritu, nos hace firmes como una columna. Si sacamos una columna de un edificio, este podría derrumbarse. Vamos a ser una columna para otra gente que nos va a necesitar; y si no estamos, se va a notar porque las cosas se van a caer.

Cuando un país abre una embajada en otro, esta representa a ese país, a su gente: el embajador se viste con la misma ropa que usan en su país y conserva las mismas costumbres de su país. De esa manera expresa la riqueza de su cultura.

La muerte siempre nos tiene que llevar a reflexionar sobre la vida: cómo estamos viviendo hoy, qué nivel de expansión hay en nuestros sueños. Soñar, desear, es la vida. No soñar es como estar muerto. Por eso tenemos que mirar adelante, construir, proyectando que podemos mejorar y crecer. A fin de cuentas, puede ser verdad lo que se dice: uno muere como ha vivido.

17

MIEDOS PRESTADOS

1. Una encuesta reveladora

Muchas personas son sobreprotegidas por padres, abuelos u otras personas con autoridad sobre sus vidas, según revela una encuesta titulada «¿Quién me sobreprotegió y cómo me afectó?». Estas son algunas de las respuestas obtenidas:

— Mi madre nunca me dejaba sola, me cuidaba exageradamente. Cuando me casé, fue difícil para mí el simple hecho de organizar el armario ropero en mi nuevo hogar.

— Mi abuela tenía un miedo excesivo a todo lo malo que me pudiera a pasar, por más que pareciera una tontería. Por ejemplo, en verano decía que subir al autobús en chancletas era peligroso, así que yo tenía que llevar zapatillas en el bolso.

— Mi madre, cuando era pequeña, y también después de casarme, no me permitía hacer nada por mi cuenta porque decía que podía lastimarme. Mi marido hace lo mismo, me lleva a todos lados y me va a buscar siempre. Eso afecta a mi autoestima.

— Mi madre y mi marido no quieren dejarme trabajar porque piensan que estoy mejor en casa, no tengo ojeras y no me canso nunca. Tampoco me dejan viajar apretada en el tren. Eso me afecta al punto de hacerme desconfiar de las personas, especialmente de los hombres.

— Desde que nací, mi padre me sobreprotegió, lo cual generó un conflicto abierto en mi familia, en especial, con mis hermanos. Él siempre compraba regalitos solo para mí y nada para mis hermanos. Había grandes diferencias a nivel emocional: a mí me hacía cariños, mientras que a ellos les pegaba. Eso me afectó mucho, ya que mis hermanos me echaban en cara: «Eres la preferida de papi.» Hoy en día, cuando estoy con mis hermanos en familia, me siento una extraña a pesar de que nuestro padre falleció hace varios años.

> «Cada vez que les sobreprotegemos, les quitamos los anticuerpos ante su futuro.»
>
> **Anna Mascaró**

¿Cuáles son las consecuencias de la sobreprotección?

Cuando alguien es sobreprotegido en algún área de su vida, termina teniendo baja estima y serias dificultades para decidir. Si decide algo, nunca estará seguro de que sea lo correcto. También se aislará de los demás con la creencia de que el mundo es peligroso y le pueden hacer daño.

La persona sobreprotegida tiene poca tolerancia al conflicto porque mamá, papá o los abuelos siempre estuvieron atentos a satisfacer sus necesidades. Cuando tiene un problema, no sabe qué hacer y cree que los demás fueron puestos en esta vida para satisfacer sus necesidades y deseos. Si alguien no la llama, no la atiende o no la recibe como esperaba, se enoja porque cree que los demás deben actuar como aquel que la sobreprotegió.

2. EL MENSAJE DEL SOBREPROTECTOR

¿Por qué una persona sobreprotege a otra?

Cuando alguien atraviesa una experiencia difícil, es muy frecuente que adopte una actitud sobreprotectora. Por ejemplo, cuando fallece un hijo en la familia, cuando hay un embarazo complicado, cuando hay pobreza o enfermedad, o cuando nace un hijo discapacitado física o mentalmente, es muy común que mamá o papá empiecen a sobreproteger.

La persona que sobreprotege recurre habitualmente a ciertas conductas:

- **Vive preocupándose por el otro**
Está obsesivamente atenta a los pasos que el otro da. Es reiterativa, pregunta muchas veces lo mismo: «¿Has comido bien? ¿Estás seguro de que comiste bien?»

- **Contesta por el otro**
Si llama alguien a casa, contesta al teléfono. «Señora, ¿está su hija?» «Sí, ¿quién le habla?». «Una amiga.» «¿Para qué la quieres?» «Porque a lo mejor vamos al cine.» «No,

hoy no es bueno ir al cine, hace mucho frío. Mi hija no querrá ir al cine contigo porque hace frío y se puede constipar.»

- **Aísla porque cree que todo es peligroso**

Quiere saber cada movimiento: «¿Dónde has estado?», «¿Qué hiciste?», «¿Por qué cerraste la puerta de tu habitación?»

Cuando una persona busca controlar y cuidar en exceso está transmitiendo el siguiente mensaje: «No puedes hacerlo por ti mismo, así que yo lo haré por ti. En el fondo, careces de capacidad y no puedes hacer nada bien.»

Toda persona que sobreprotege trasmite sus miedos al protegido.

> «Hay dos tipos de miedos: racionales e irracionales, o sea, miedos que tienen sentido y miedos que no lo tienen.»
>
> Lemony Snicket

Muchos seres humanos viven con miedos prestados y lo cierto es que, cuando nos motiva el temor, nunca lograremos grandes avances. La historia no la escriben los cobardes, sino los valientes. En cambio, cuando nos movemos por amor (el amor incondicional que recibimos de mamá y papá) no hay lugar para el temor y nos creemos capaces de lograr todo lo que nos propongamos. ¡No aceptemos ningún miedo prestado en nuestra vida!

3. CÓMO LIBERARNOS DE LOS MIEDOS PRESTADOS

Quienes han recibido miedos prestados desde la infancia suelen ser obsesivos con sus pensamientos. Hay gente que, de repente, tiene un pensamiento negativo y después pasa todo el día, toda la semana o todo el mes, pensando y pensando en lo mismo y dándole vueltas. Aprendamos a erradicar rápidamente los pensamientos negativos. Cuando alguien nos critique o hable mal de nosotros, apartemos inmediatamente los pensamientos que eso nos genera.

Cuando alguien comente que vamos a perder el trabajo, cuando veamos algo negativo en la televisión, cuando aparezca una voz negativa en nuestra mente, debemos reemplazarla por otra positiva. La mente no fue hecha para pensamientos negativos, que solo provocan miedo. Cultivemos el hábito de decirle «¡Basta!» a nuestra mente, con autoridad.

> «No cedas a tus miedos. Si lo haces, no serás capaz de hablar a tu corazón.»
>
> **Paulo Coelho**

Pongámonos de acuerdo con gente que suma en tu vida. En lo posible, procuremos la compañía de gente que nos levante y nos convierta en mejores personas. Y, sobre todo, nunca nos pongamos de acuerdo con lo negativo. Si alguien insinúa: «Me parece que esto va a explotar en cualquier momento», no coincidamos. Tenemos la libertad de elegir qué vamos a pensar y, en consecuencia, cómo nos vamos a sentir. Cuando nos sentimos mal, «deprimidos», es porque antes hubo un pensamiento que nos llevó a esa emoción. Hemos de elegir tener «mente de conquistador». Nadie tiene poder sobre nuestra mente, excepto nosotros mismos.

La mayoría de los problemas que creemos que están fuera, en realidad, están en la mente. Recordemos que:

Nada cambia mientras no cambie nuestra mente.

¿Por qué es tan difícil cambiar la mentalidad?

Nos cuesta cambiar porque, en realidad, no queremos cambiar, sino acomodarnos. La mayoría de los seres humanos pretendemos cambiar sin que nada cambie. Y así, podemos pasar años haciendo las mismas cosas, a pesar de que nos disgusten.

¿Por qué seguimos haciendo las cosas que no nos sirven?

Porque queremos el cambio sin cambio. Cambiar siempre implica modificar algo, abandonar algo, esforzarse por ello.

Nos cuesta cambiar porque todo problema trae algún beneficio. Por ejemplo, si sufrimos depresión, angustia, tristeza, desgana, también tenemos beneficios: podemos estar todo el día en la cama, todo el mundo está pendiente de nosotros, no tenemos que trabajar, etc.

¿Cuándo cambiamos realmente?

Cuando vivimos una experiencia negativa que nos deja una enseñanza, un mensaje que no podemos eludir y nos transforma. Y una vez superada, no somos los mismos, nos hemos transformado:

- **Por medio de las consecuencias de nuestros actos**
Toda acción tiene una reacción. Por ejemplo, si cami-

namos descalzos en la nieve un día muy frío, nos consti-
paremos. Constiparse es la consecuencia de una acción
tonta. A veces culpamos a los demás de las consecuencias
lógicas de las acciones erradas que cometemos.

- **Por lo que les sucede a otros**

De todas las desgracias ajenas podemos aprender algo.
Al menos, el hecho de que, si hacemos lo que el otro hizo,
nos pasará lo mismo. Por eso, cuando alguien cae en des-
gracia, en su relación familiar, en su negocio o en su salud,
nunca deberíamos juzgar a esa persona, sino ver qué lección podemos extraer de ello. Todos los que nos rodean
son maestros en potencia para nuestra vida.

4. UN «YO» SANO

La persona que ha sido sobreprotegida tiene su «yo»
afectado y necesita trabajar para sanarlo, superar sus miedos y lograr confianza en sí misma.

El primer elemento de un «yo» sano es la *autoimagen*,
cómo me veo a mí mismo: ¿Me veo bien o mal? ¿Me gusto
tal como soy? ¿Me agrada mi cuerpo?

El segundo elemento es la *autovaloración*, que es cuánto
creo que valgo. Una persona sana piensa: «Yo tengo valor»,
«Yo soy importante». No
se cree mejor que los de-
más, pero tampoco menos
que nadie, porque sabe
quién es y cuánto vale.

> «Respétate a ti mismo si
> quieres que otros te
> respeten.»
>
> Baltasar Gracián

El tercer elemento es la *autoconfianza*, que es la capacidad de saber qué puedo hacer y qué no puedo hacer. Todos tenemos fortalezas y debilidades, todos somos buenos en algo y no tan buenos en otras cosas. La autoconfianza nos permite concentrarnos en nuestros dones y aceptar aquello que no somos capaces de hacer y nuestros errores sin vergüenza ni culpa.

> «Eres muy poderoso, siempre y cuando sepas lo poderoso que eres.»
>
> Yogi Bhajan

Quien ha sido sobreprotegido suele tener una autoimagen sana, pero casi siempre presenta un déficit de autovaloración y autoconfianza. Es decir, no cree en sí mismo ni en el potencial ilimitado que alberga en su interior. Y eso lo conduce a un miedo que puede llegar a paralizarlo, a impedirle avanzar en la vida.

¿Cómo podemos sanar nuestra capacidad de saber que podemos alcanzar todos los desafíos que la vida nos presenta?

No dándole valor ni crédito a todo lo negativo que han hablado sobre nosotros. Una persona con la autoconfianza fracturada se vuelve torpe. Algunos no se dejan enseñar y se enfadan cuando les señalan un error. Otros, cuando se les presentan desafíos nuevos, dicen: «No me atrevo», «No sé si lo lograré» o «No sé si tengo lo que hace falta».

Para liberarse de todos los miedos prestados, producto de la sobreprotección o de la falta de validación, necesitamos deshacernos de todas aquellas palabras y frases de

fracaso y descalificación. Cuando lo hagamos (y probablemente precisaremos ayuda para lograrlo), sabrás que
SÍ podemos, que SÍ lo vamos a lograr y que SÍ es posible para nosotros. Tendremos un «yo» sano en sus tres
elementos y seremos im-
parables porque habremos
superado miedos propios
y ajenos.

«Eres tan increíble como te
dejas serlo a ti mismo.»

Elizabeth Alraune

18

MIEDO A TENER ÉXITO (TENER PODER)

1. EL PODER, ¿UN MEDIO O UN FIN?

¿El poder es bueno o malo? El poder en sí mismo no es bueno ni malo, por tanto, no hay que tenerle miedo. Es neutro, como todas las herramientas. La mano que maneja un martillo, por ejemplo, es la que determinará si se lo utiliza para bien o para mal. Lo mismo ocurre con el poder. Hay que aprender a administrarlo sabiamente, en el momento apropiado y con las personas adecuadas.

El poder siempre genera beneficios: la mirada, el aplauso, la decisión, etc. Sin embargo, debería preocuparnos más que cualquier satisfacción que nos brinde. Imaginemos un bisturí. Podemos comparar el poder con un bisturí: puede sanar o matar. En una ocasión, un cirujano me contó que tenía algunos alumnos que estaban ansiosos por operar. «A esos los pongo últimos en la lista. Solo quienes quieren operar pero tienen mucho miedo de equivocarse serán grandes médicos», me explicó. Esto signifi-

ca que una persona sabia ejerce el poder con más responsabilidades que alegrías.

El poder debería ser un sirviente, nunca un amo.

Todo poder es temporal. Nadie tiene todo el poder
todo el tiempo, ya que, en algún momento, pasará a manos de otro. No es correcto creer: «Yo soy el poder.» Si
me fusiono con el poder (ya se llame cochazo o dinero), y
luego lo pierdo, posible-
mente me deprima por-
que sentiré que he perdi-
do algo de mí. Pero si
tomo distancia y veo el
poder como una herra-
mienta, el día que lo pierda no me deprimiré, ya que no
soy una herramienta.

> «La prueba suprema de virtud
> consiste en poseer un poder
> ilimitado sin abusar de él.»
>
> Thomas Macaulay

Para administrar el poder inteligentemente, tenemos
que verlo como un instrumento, no como un punto de
llegada; como un medio para lograr algo, no como un fin.

Cuando Dios creó a Adán y Eva, les dio poder sobre los
animales, la tierra, etc. Pero no sobre otro ser humano. El
poder es una capacidad para alcanzar cosas, no para dominar a los demás. El problema aquí nuevamente no es el
martillo, sino la mano que lo utiliza. Puedo usarlo para gol-
pear a alguien o para colgar un cuadro en la pared. El poder
nunca debería llenar un hueco emocional interior. Esta es la
diferencia entre quien lo utiliza como una herramienta y
quien lo ve como un fin. Es decir, yo puedo procurar tener
un coche mejor porque lo necesito como medio de trans-

porte o para sentirme mejor o con más valor personal (de ahí el poder de las marcas).

Todos los seres humanos buscan el poder. Esa ambición es parte de la esencia humana. Tenemos una tendencia a superarnos, a avanzar, tenemos aspiraciones. Y buscamos la capacidad para alcanzarlas, es decir, el poder.

Se ha demostrado que las personas que tienen una sensación de poder muestran un mejor desempeño. Resumiendo, el poderoso no busca usar el poder para engrandecerse él mismo, sino para engrandecer a su empresa. Esa es la diferencia entre usarlo como un medio o como un fin.

2. TENER PODER Y TENER AUTORIDAD

Pero así como una persona busca el poder, también puede activarse el odio en quien no lo posee. El odio hacia el que sí lo ha obtenido. Ese es el origen de las guerras y la competencia. Mientras más nos aferremos al poder como un fin, más miedo sentiremos de perderlo. De ahí, las culturas autoritarias. Un dictador es el máximo representante del amor al poder o el poder como un fin. Tener poder no es gritar, ni declarar: «Aquí mando yo y se hace lo que yo digo.» Tal actitud es autoritarismo. La autoridad permite el diálogo, el autoritarismo lo prohíbe.

> «El poder sin límites es un frenesí que arruina su propia autoridad.»
>
> Fenelón

Es interesante el hecho de que los romanos distinguían

autoridad y potestad. La *potestas* era la capacidad de premiar o castigar gracias al poder otorgado por la posición que ocupaban en la jerarquía. Mientras que la *auctoritas* era el reconocimiento que la gente le profesaba y que la llevaba a obedecer las órdenes. Es decir, la autoridad se gana, se construye. Y la mejor manera es siendo ejemplo y utilizando el poder en servicio de los demás.

La autoridad tiene que ganarse. ¿Cómo? Me la da la gente. El poder, muchas veces, es otorgado por un entorno jerárquico. Por ejemplo, un sargento tiene poder sobre su subordinado y se impone sobre él a través de su jerarquía.

> «Las autoridades son legítimas cuando sirven al bien, y cesan de serlo al cesar de servirlo.»
>
> **Ramiro de Maeztu**

También podemos hablar del «poder ejercido por medio de la coerción», que resulta efectivo por el temor que genera. Es la capacidad de lograr que el otro haga algo por miedo al castigo. Y también del «poder persuasivo», que es el poder sano. Significa utilizar la capacidad de influir sobre el otro.

El poder es una posibilidad que tenemos.
Podemos ejercerlo, o no.

A lo largo de la historia, el poder y su búsqueda han tenido una connotación negativa. Se lo asocia al autoritarismo, al abuso, al maltrato. Pero en realidad es «la capacidad para» o «la posibilidad de». Es una herramienta extraordinaria que todos debemos desarrollar.

La carga negativa del término viene de la creencia de

que tener más poder significa ser más que el otro. Por eso se idealiza al poderoso. Es decir, se confunde el poder con la omnipotencia («todo lo puedo, no necesito a nadie»). Muchas personas buscan sacarse una foto con un famoso. ¿Por qué? Porque estar al lado de alguien famoso es una manera simbólica de sentirse cerca del poder.

Algunas personas dicen: «La acumulación de poder corrompe.» De esa idea surge el hecho de que la mayoría de nosotros asociamos el poder con la corrupción. Sin embargo, cuando no tenemos poder, no podemos decidir, nos sentimos impotentes y nos rendimos allí donde estamos.

Si no tengo poder:

a. *Soy impotente.* Es decir, no puedo hacer nada por mí mismo y, como consecuencia, me resigno a ello. Supongamos que me persigue un león en la selva, veo un árbol y corro hacia él. Eso es miedo. Pero si me persigue un león y no veo ningún árbol, eso es impotencia. Cuando perdemos poder, nos sentimos impotentes. Poder es ver mi capacidad de poseer alternativas para hacer algo.

b. *Soy una víctima.* Cuando me pongo en el papel de la víctima, el otro es el responsable de lo que me sucede, y yo sufro por eso. He perdido mi poder personal.

La vida es un juego de poder. Lo que motiva el deseo de liderar es la vocación de poder. Todos deseamos poder, el cual puede ser desarrollado y construido.

3. LAS LUCHAS POR EL PODER

Cuando un lobo lucha por defender su posición de liderazgo, no pretende destruir al contrincante. Sabemos, gracias a la etología, que cuando el contrincante ofrece su cuello, termina la lucha y cada uno vuelve a su manada sin problemas.

> «Casi todos podemos soportar la adversidad, pero si queréis probar el carácter de un hombre, dadle poder.»
>
> Abraham Lincoln

El animal no mata por poder, ni por placer (como el ser humano).

Nos guste o no, todos estamos inmersos en relaciones de poder, porque este se halla en todas partes. Lo que logramos es posible por nosotros mismos y por los otros. Vivimos en una relación de interdependencia y podemos utilizar ese poder a través de la coacción o de la persuasión, que es una manera delicada de convencer al otro.

El poder es vincular o relacional: tiene que ver con los otros y con el objetivo de conseguir o lograr algo de alguien. El poder es entonces una construcción que uno arma en función de lo que quiere lograr. Una persona es más poderosa que otra en una situación determinada, en un contexto dado y con respecto a algo que se desea obtener. El que va ganando poder se aferra a este para cuidarlo y no perderlo, mientras que el que está un peldaño por debajo hace fuerza por obtener mayor poder. Ahí se produce la tensión.

Uno de los grandes conflictos en instituciones y organizaciones es la lucha por el poder. Los que luchan por el mismo tienen alguna carencia y lo persiguen para tapar su inseguridad interior. En general, lo ostentan y se esfuerzan por mostrarlo. Por ejemplo, llegan a un lugar y dicen: «¿Sabes quién soy yo? Soy el director tal...» Se compran un cochazo, o zapatos de marca o lo que sea, y necesitan mostrar lo que compraron. Como el que mata un animal en un safari y sube una foto en alguna red social (aunque la hazaña no sea real, ya que el animal estaba drogado y a trescientos metros de distancia). Es un trofeo del narcicismo, un pseudopoder, un autoengaño.

La vanagloria es precisamente jactarse de un poder que no se tiene. El poder seduce y encandila, no hay nada que produzca tanta atracción y apego. Por eso, se habla del «erotismo del poder». Quien tiene poder puede excitarse, sentirse poderoso y generar atracción en los demás. Por todo esto y más, el poder debería ser una herramienta exclusivamente en manos de gente sana. Las personas que tienen huecos emocionales competirán con otras, desearán ganarles, sentirán que el de arriba es un techo e intentarán removerlo, cuestionarán lo que se dice o lo que se hace y se compararán con el otro, que logró algo que ellas aún no han logrado: la competencia es hija de la envidia, y esta, de la baja estima.

Si soy escritor, difícilmente compita con quien ganó un premio por cocinar bien, o con quien vivió hace doscientos años. La competencia ocurre entre iguales. Las personas que compiten suelen sentir que su líder o su jefe es un techo, y necesitan quebrarlo para seguir creciendo. Su orgullo y narcisismo les hace creer que todo lo han logrado por su capacidad y ya no necesitan a nadie. Como las cosas les salieron bien, desconocen a quién les dio ese poder: el rey David un día le dijo a Dios que ya no lo necesitaba porque había organizado un gran ejército.

El orgulloso ve el poder como una fuente de su propia satisfacción y necesita sentirse admirado por los demás. Como lo ejemplifica la «teoría del autobús»: estoy esperando el bus en una noche fría y necesito que se detenga. Una vez que subo y entro en calor, ya no quiero que se detenga para que otros suban; entonces presiono y meto prisa al conductor. ¡Quiero llegar a casa rápido! Ya no soy un peatón, sino un pasajero y me he olvidado de cómo llegué a serlo.

El soberbio que logra algo suele olvidar el proceso que lo llevó a conseguirlo. Se olvida de cuando era peatón y estaba esperando el autobús temblando de frío. Desprecia ese contexto, lo minimiza. «Se lo cree» y olvida que todos somos el resultado de un contexto. Nunca deberíamos restarle importancia a las innumerables variables que intervienen en la consecución de algo.

Los encargados de una agencia inmobiliaria muy conocida me contaron que algunos empleados, como les va bien, a los pocos meses de estar trabajando allí renuncian para abrir su propio negocio inmobiliario. Al poco tiempo se dan cuenta de que no funciona como esperaban. Estos empleados olvidan que «todos somos nosotros y nuestras circunstancias».

> «Después del poder, nada hay tan excelso como el saber tener dominio de su uso.»
>
> Jean Paul

No existen personas sin contexto. Esta es la diferencia

entre alguien humilde, que mira el contexto y agradece porque sabe que siempre necesitará de los demás, y alguien orgulloso, que olvida y se vuelve desagradecido, hasta el punto de pensar que ya no necesita a nadie.

La lucha por el poder también tiene lugar en la familia. Primero, entre padres e hijos. El niño caprichoso está luchando por el poder. «Yo quiero ser yo», es su mensaje. Los padres tienen que ponerle límites, sin ceder a sus caprichos. Se trata de una batalla temporal. Los caprichos terminan por fortalecer y endurecer el «yo», dándole más firmeza. Los padres debemos marcarles los límites, a pesar de que el niño se arroje al suelo, grite y llore, ya que los límites lo ayudan a forjar su carácter.

La segunda lucha en el seno de la familia se da en la pubertad. Es entonces cuando el adolescente comienza a cuestionar (en una pugna por el poder), busca independizarse y lucha por su autonomía. Aquí no solo el adolescente está creciendo, sino también sus padres. Es la crisis de ambos. Lentamente se va incorporando el «pensamiento democrático».

Y la tercera lucha ocurre en la pareja. Toda pareja atraviesa una inevitable «lucha por el poder» para establecer quién de los dos decide. La mayoría de las parejas pelean por tonterías: el jersey del niño, el dentífrico y cosas por el estilo. Pero en el fondo, las peleas no son por los contenidos, sino por quién define la escena, es decir, quién ejerce el poder. En la pareja ninguno de los dos debe ganar totalmente. ¿Por qué? Porque si gana uno, pierden los dos.

4. ¿CÓMO CONSTRUIR PODER EN EL TRABAJO?

La relación con el superior es aún más importante que nuestro rendimiento. Nunca debemos hacerle sombra a quien está arriba de nosotros, sino hacerlo lucir. Porque quien nos puede promover es nuestro superior, no quien está abajo. Lucirse y competir son mensajes muy negativos de que pretendemos ocupar el lugar de otro y estamos dispuesto a «serrucharle la rama».

Seamos diligentes. No digamos «¡Estoy aquí!», sino: «Aquí estoy, ¿qué hay que hacer?» Nunca cuestionemos ni preguntemos mucho, es decir, no intentemos llamar la atención. Seamos inteligentes porque, como dice Proverbios 14:35: «El rey favorece al siervo inteligente.» Hablemos lo justo y necesario y, sobre todo, hablemos siempre en positivo. Nunca critiquemos nada ni a nadie.

Aprendamos todo lo que podamos, ya que el conocimiento es poder. Que la excelencia sea nuestra marca. Si nuestro trabajo es mediocre y otro lo puede hacer, terminarán eliminándonos. Y deleguemos todo lo posible. Esto aumenta el poder porque pone al otro a hacer una tarea.

Si no construimos poder en nuestro trabajo, alguien construirá más poder. Y si esa persona no está sana, si envidia y tiene un deseo desmedido de poder, urdirá un complot con otros para derribarnos.

En un grupo humano, un equipo o una marca, el que es capaz suma, pues entiende que, si él puede, el otro también puede; y así, entre todos, ganamos. Pero el inseguro y el ambicioso establecen su propia parcela, donde se llenan de orgullo y comienzan a separarse del resto. Los complotados inventan, mienten para justificarse y, luego, para convencer a los demás. Todo aquel que pretende dividir lo hace para engrandecerse él mismo. De ahí, el sabio dicho: «Divide y vencerás.»

Todos en algún aspecto de la vida o en alguna circunstancia ostentamos poder, lo importante es mirar a nuestro interior y descubrir qué tipo de poder estamos ejerciendo. Un poder de construcción, de suma, de mejora, o un poder de dominación. ¿Qué respuesta daríamos a esta pregunta?

19

MIEDO A LA CRÍTICA

1. MANEJAR LAS CRÍTICAS

A ningún ser humano le gusta ser criticado, dado que esto presupone que hemos hecho algo mal, que nos equivocamos, es «una herida al narcisismo». No nos gusta ver nuestras equivocaciones. Por eso no queremos recibir críticas, y tampoco consejos, ya que cuando alguien intenta darnos un consejo, presupone que cometimos un error. Y posiblemente tenga razón.

La realidad es que todos cometemos errores. No debemos negarlos porque colocarnos en una posición de omnipotencia no sirve para crecer en la vida. Los errores son la fuente del aprendizaje y el crecimiento. Entonces, ¿por qué nos duelen las críticas? Dicen los antropólogos que en la antigüedad el hombre vivía en manada. Cazaba en ma-

> «Con las piedras que los críticos te lanzan, bien puedes erigirte un monumento.»
>
> Immanuel Kant

nada y sobrevivía gracias a estar en grupo. Ser desterrado del grupo significaba una condena a muerte. Entonces, la crítica activaría este ADN antropológico que conservamos y entenderíamos esa crítica como: «No quiero que estés en mi manada.» De ahí que muchas personas lo vivan como un rechazo, un desgarro, como morirse emocionalmente.

Debemos saber que siempre alguien nos va a criticar, por eso no debemos tomar la crítica como algo personal. La crítica muchas veces tiene que ver con expectativas distintas que el otro tiene. Hay cuatro tipos de «criticones»:

I. El «contra»
Son los que siempre te llevan la contraria. Les decimos: «¡Vayamos al cine!», y responden: «¡No; vayamos al teatro!» Les contamos: «Me he comprado un perro», y comentan: «Te va a comer las pantuflas.» Si compramos ropa, opinan que «no valía la pena, ya vienen las rebajas». Si no llevamos paraguas, dicen que el pronóstico del tiempo anuncia lluvias. Muchas personas necesitan llevar la contraria para mostrarse más inteligentes que el otro.

II. El crítico avasallante
Es el que critica porque se siente frustrado y tiene un odio reprimido. Critica porque tiene rabia, le gusta condenar, lastimar. A esta clase de personas hay que ponerles límites. Hay que confrontarlas, mantener con ellas conductas activas, firmes, claras, ponerles freno; de no hacerlo, avasallarán nuestra vida.

III. El crítico ocasional

Son personas que aparecen esporádicamente para criticarnos por uno u otro motivo.

> «Uno está tan expuesto a la crítica como a la gripe.»
>
> Friedrich Dürrenmatt

IV. El crítico de mente estrecha

Estos son los más habituales. La gran mayoría de críticos son personas resistentes al cambio, rígidas, cerradas. No comprenden el cambio, no lo toleran, todo lo nuevo les molesta.

> «En los mejores días del arte no existían los críticos de arte.»
>
> Oscar Wilde

Por ello, frente a la crítica:

- *No reaccionar.* Sigamos acumulando experiencias.
- *Usar frases asertivas.* Las frases ponen un límite. Sin agresividad, pero con firmeza, podemos responder: «No me hables así, me molesta», y repetir esta frase una y otra vez. O podemos poner límites diciendo: «Lo tendré en cuenta, gracias», «Muy interesante lo que me dices, lo pensaré». Lo importante siempre y en cualquier caso es poner límites al maltrato verbal.
- *Ignorar.* Hagamos que el otro se vuelva invisible. Ignorar, hacer oídos sordos, suele ser una buena técnica.
- *Reírse.* Frente a una crítica, es bueno reírse de uno mismo. Si nos dicen: «Ese pantalón te queda corto», respondamos: «Es la moda de esta temporada.»

Reírse es la manera de sorprender al que se burla o critica, que en realidad está buscando lastimarnos y hacernos enfadar.

- *Aprender a rechazar todo lo que nos minimice.* Rechacemos el rechazo, menospreciemos el menosprecio, no le denos tanta importancia a lo que no la tiene. Porque, si para el criticón no tenemos importancia, para nosotros tampoco debería tenerla no ser importante para él. Recordemos que en el camino del crecimiento siempre van a aparecer obstáculos.

- *No levantar el guante.* ¿Qué significa esto? Que cuando se burlen o nos critiquen, no hay que reaccionar. No ataquemos, no nos defendamos, no lo subamos a las redes sociales, porque no vale la pena. Eso significa «no levantar el guante».

- *Anular las burlas y críticas con acciones.* Si, por ejemplo, en nuestro trabajo se burlan de que a veces incurrimos en despistes nimios, debemos enmendarnos. Corrijamos eso que da motivo a la burla. Es la mejor manera de desautorizar a los burladores, que no tienen tanto poder como aparentan.

2. CRÍTICA O CORRECCIÓN

La crítica nace de la rabia, de la frustración, de la envidia, por eso no sirve ni suma en la vida de las personas. Si alguien no sana la herida por las cosas que no logró y no es capaz de celebrar que otro sí que las haya logrado, quedará atascado en la envidia, la crítica o la burla. El que critica siempre habla más de sí mismo que del criticado. ¿Qué está mostrando el que critica? Que tiene un problema interno. Por eso, no dejemos que nos detenga, que nos lastime, que nos infunda miedo o vergüenza. Sus palabras hablan más de él que de nosotros.

Una cosa es criticar y otra, corregir. Todo es criticable, todo se puede criticar, pero no sirve, porque lastima y deja cicatrices invisibles, moretones emocionales que perduran en el tiempo. Lo que sirve son las correcciones. Corregir nace del deseo de mejorar, de superar, de excelencia, nace con una buena intención.

Aunque alguien diga que nos hará una crítica constructiva, esta no existe, así como no existe ninguna enfermedad constructiva. Una cosa es corregir, supervisar o proponer, y otra muy distinta es criticar por criticar. Hay crítica o hay construcción.

El desprestigio, la difamación y la crítica solo pretenden lastimar y hacernos callar. La crítica intentará dañarnos para detenernos y asustarnos, y si lo consigue, el criticón habrá logrado su objetivo. Para saberlo, observará nuestra reacción, para confirmar si ha logrado tener poder sobre nosotros. Si su crítica nos infunde miedo al «qué dirán», habremos caído en su trampa.

Para no dejarnos amedrentar por la crítica, podemos responder de alguna de estas maneras:

• **Poner en contexto**
Debemos preguntarnos: «¿Quién me hace esta crítica?» Si un médico me dice que voy mal vestido, podré considerar su opinión, pero en el contexto no la tendré tan en cuen-

> «Es gran virtud del hombre sereno oír todo lo que le critican, para corregir lo que sea verdad y no alterarse por lo que sea mentira.»
>
> Johann Wolfgang von Goethe

ta como si esa misma opinión me lo brindara un sastre. O sea, se trata de «tomarlo según de quien venga», analizar cuál es el contexto.

• **Ir más allá de las malas maneras**

Muchas veces vemos lo externo y no el contenido. Aunque me hagan una crítica de mala manera, puedo preguntarme: «¿Me aporta algo para mi crecimiento? ¿Me permite crecer y mejorar?»

• **No tomar en cuenta agresiones encubiertas**

Nunca debemos considerar una crítica que nace de la frustración del otro, ya que más que un aporte es una agresión. Esas agresiones encubiertas solo son la reacción del otro ante su propia frustración. Ante ellas no hay que reaccionar, ni considerarlas ni tenerlas en cuenta.

> «Lo más difícil es conocernos a nosotros mismos; lo más fácil, hablar mal de los demás.»
>
> Epicteto

3. LA AUTOCRÍTICA: ¿JUEZ O MAESTRO?

Tras realizar una acción, todos los seres humanos la evaluamos. A esta capacidad de evaluación la llamamos autocrítica.

Evaluamos: «¿Estuve bien?, ¿estuve mal?, ¿podría haberlo hecho de otra manera?», y ensayamos mentalmente qué es lo que hicimos y cómo podríamos haberlo mejorado. Esto es un indicio de salud mental. La gente puede transformar los errores en crecimiento y toma esa capacidad de autocrítica o introspección como una manera de convertir en avances los errores.

Este tipo de autocrítica permite la mejora, la corrección, el análisis, el buscar cómo superarnos. Es una voz que educa, que enseña, una voz motivante.

Cuando esa misma voz nos castiga, la autocrítica es negativa o destructiva. En vez de ser una introspección sana y pedagógica, se transforma en un juez que condena y evalúa: «¡Esto estuvo mal, pero que muy mal!» Esta es una voz torturante y paralizante, dado que evaluamos la situación no para crecer sino para ser castigados. También se ha llamado a esa voz «la conciencia rígida» o superyó. No permitamos que esa voz nos desanime. Recordemos que:

Lo que me digo a mí mismo es la clave para mi éxito.

Todos hablamos con nosotros mismos permanentemente. Se calcula que tenemos un promedio de miles de pensamientos diarios, en su gran mayoría constituidos por lo que nos decimos a nosotros mismos, frases repetitivas del pasado. Si pudiésemos reconocer esos pensamientos para analizarlos, descubriríamos que son solo eso, pensamientos. No somos nosotros, nuestra esencia, nuestro espíritu. Solo son pensamientos erróneos. Muchos de esos pensamientos nacen del miedo. Debemos tenerlo presente ya que todo lo que nos decimos sobre nosotros mismos determinará la derrota o el éxito en nuestras batallas. ¡Dejemos de castigarnos y hagamos de la autocrítica un medio para lograr una mejora continua!

20

MIEDO AL FRACASO

1. ¿POR QUÉ TEMEMOS FRACASAR?

Porque no nos gusta ser rechazados.

El miedo a que se repita algo negativo que nos ocurrió en el pasado, es decir, el miedo a fracasar, es en realidad el temor al rechazo que todos compartimos. Nadie quiere ser rechazado. Es verdad que una circunstancia dolorosa puede repetirse, pero quedarnos paralizados y no hacer nada solo nos lleva a que el miedo sea cada vez mayor. Si me fue mal con mi anterior pareja y tengo miedo de volver a enamorarme, de nada me servirá salir corriendo cada vez que surja la posibilidad de entablar una relación.

Está comprobado que la gente, en general, no rechaza a quien no se equivoca nunca, sino a quien pretende mostrarse perfecto delante de los de-

> «El error más grande que puedes cometer en la vida es tener un miedo constante a cometer un error.»
>
> Elbert Hubbard

más. El miedo a ser desaprobado y rechazado por el otro suele ser una voz interna (surgida en la niñez) que nos critica a nosotros mismos. Creemos erróneamente que, como es nuestra voz interna, también será la voz externa de quienes nos rodean.

Con frecuencia, el error acarrea una herida al narcisismo y a la imagen que se muestra a los demás. Pero ¿quién no se ha equivocado jamás? Todos nos hemos equivocado alguna vez, y también hemos descubierto que ¡hay vida después del error!

Entonces, ¿por qué una persona puede ser incapaz de ver sus errores? En la mayoría de los casos, se debe a la relación con sus padres en los primeros años de vida. Mamá y papá siempre influyen en nuestra capacidad para aceptar el error.

> «Cada fracaso enseña al hombre algo que necesita aprender.»
>
> Charles Dickens

Cuando una criatura está aprendiendo a caminar o a comer, no se le señala el error. Por el contrario, se le permite que al principio camine o coma como pueda, se lo anima. Pero luego, poco a poco, se le enseña la manera adecuada de hacerlo. Por ejemplo, al principio dejamos que arroje comida al suelo y se ensucie al comer, pero cuando ya es más mayor le decimos que use la servilleta y no ensucie el suelo o su ropa. Dicha actitud del adulto fomenta que, en el futuro, ese niño pueda aceptar sus errores (tanto los suyos como los ajenos) y corregirlos cuando sea necesario. De esa manera, confiará en su capacidad de aprender, no tendrá miedo a fracasar. Esa es la única forma en que podemos madurar, superarnos a nosotros mismos y avanzar en la vida con una estima sana y fuerte como un roble.

> «Un barco atracado en un puerto está seguro, pero no es la finalidad para la que fue construido.»
>
> William Shedd

2. GESTIONAR LAS DEBILIDADES

Reconocer nuestras debilidades nos hace fuertes: cuando soy débil, soy fuerte. ¿Qué significa esto? Que cuando reconozco mis aspectos débiles, mis inseguridades, mis vulnerabilidades, puedo urdir una estrategia para defenderme de ellas. Por ejemplo, si sé que me duele el costado izquierdo, el reconocer ese dolor me permitirá planificar una estrategia para protegerme. No niego mi vulnerabilidad, ya que al negarla me vuelvo inseguro.

Los miedos nos debilitan. Para vencerlos, debemos determinar con claridad qué cosas nos provocan temor, es decir, ante qué cosas somos vulnerables. Por ejemplo, es perfectamente normal que un soldado en la guerra sienta temor. Ante eso, tiene dos opciones: admitirlo, controlarlo y quedarse allí; o ser víctima del pánico y salir huyendo. Una persona segura, con una estima sana, no teme ser vulnerable. Sabe dar y también sabe pedir. En cambio, alguien con baja estima, que por lo general es inseguro, rara vez pide ayuda o consejo. La razón es que intenta mostrarse invulnerable. Como resultado, la tensión crece en su interior y no le permite avanzar.

Cuando la inseguridad y la vulnerabilidad alcanzan grandes proporciones dan origen a la paranoia. Esta consiste en un estado permanente de hipervigilancia. El paranoico desconfía de todo y de todos y cree que siempre hay algo oculto, o que el mundo está en su contra. Y, aún peor, es incapaz de reconocer nada negativo en sí mismo. Por eso, lo proyecta en los otros y piensa que todo lo malo viene de fuera.

Debido a su desconfianza, el paranoico es incapaz de tener intimidad con los demás y evita tanto la cercanía física como la emocional. Tampoco puede ser autocrítico, algo fundamental para tener una estima elevada. Ser autocrítico de ningún modo es sinónimo de condenarse. Simplemente es aceptar que cometemos errores. Hacerlo nos permite corregirlos, aprender y seguir adelante.

Analizar qué cosas hacemos mal, qué cosas no sabemos, cuáles son nuestros errores y nuestros aspectos débiles, nos permitirá gestionarlos inteligentemente. Por ejemplo, buscar una persona a la que le gusta hacer lo que a mí no me gusta, buscar a alguien que sabe hacer lo que yo no sé hacer, pedir ayuda, consejo, decir «no sé, ayúdame». Así gestiono mis debilidades y evito fracasos.

> «El miedo siempre está dispuesto a ver las cosas peor de lo que son.»
>
> Tito Livio

Para lograr todo lo que nos proponemos en la vida y disfrutar de relaciones interpersonales satisfactorias, necesitamos tener la imagen correcta de nuestros puntos fuertes y débiles. ¿Conocemos nuestras debilidades? Serán nuestras fortalezas, siempre y cuando las reconozcamos, no tratemos de ocultarlas ni nos avergüencen. Todos tenemos debilidades, mas si queremos usarlas a nuestro favor, es importante hacer las paces con ellas.

Si somos capaces de aceptar nuestras debilidades,
nos volvemos fuertes.

3. TRANSFORMAR FRACASO EN EXPERIENCIA

El instinto de supervivencia que tenemos los seres humanos hace que cuando estamos por entrar en un lugar, el cerebro lo recorra y reconozca que no hay peligro. Nuestro cerebro está en estado de alerta permanente, en piloto automático buscando algún peligro. ¿Por qué? Porque lo rutinario de los pensamientos y del diálogo (pensamos lo mismo, hablamos lo mismo) hace que podamos ahorrar combustible psíquico. El cerebro guarda combustible para utilizarlo en una situación de crisis. Los pilotos, cuando suben al avión, llevan una hoja en la mano, revisan todo con el fin de ahorrar combustible psíquico para las situaciones que puedan presentarse durante el vuelo.

Cuando cometemos un error, una acción que conduce a un mal resultado, se genera un «despertar», el cerebro sale del piloto automático y nos avisa que hay un error que debemos corregir. Es por eso que el cerebro fija más los errores que los aciertos. Recordamos más las experiencias negativas que las positivas. ¿Por qué? Porque la emoción, que es el pegamento afectivo, pega esa situación dolorosa mucho más intensamente que una placentera, a fin de que esa situación dolorosa nos recuerde tener cuidado en el futuro y nos permita un crecimiento.

¿Qué hacer entonces con los fracasos? Dos cosas:

- **Transformarlos en aprendizaje y en crecimiento**
Algunas personas están paralizadas por el miedo al fracaso, y, sin darse cuenta, han perdido de vista que el error es una fuente de aprendizaje. Solamente transformar el error en experiencia es lo que permite construir hacia delante. Aprender la lección, olvidar los detalles y seguir adelante.

> «El fracaso es una gran oportunidad para empezar otra vez con más inteligencia.»
>
> Henry Ford

- **Transformarnos en docentes**
Cuando pasamos la mitad de la vida, cuando tenemos más de cuarenta años, comenzamos a desarrollar la capacidad de trascendencia, de poder transmitir a las próximas generaciones nuestro conocimiento. De una u otra manera, nos volvemos docentes y utilizamos nuestros errores y fracasos como una manera de advertir a los demás y ayudarlos a que ellos no cometan el mismo error. Esta es otra manera de «sanar» nuestra historia.

> «La confianza no viene de tener siempre razón, sino de no tener miedo a estar equivocado.»
>
> Peter T. McIntyre

21

ME SIENTO PREOCUPADO
Y PRESIONADO

1. Aprender a manejar las presiones

En general, cuando tenemos miedo a la responsabilidad, se debe a que no sabemos manejar las presiones. Cuando estamos en medio de una situación de estrés o presión, casi siempre escogemos entre dos acciones: luchar o huir. ¿Por qué se activa el mecanismo de estrés? Porque hay algo que valoramos afectivamente.

Por ejemplo, si voy a presentarme a un examen que para mí no significa nada, no tendré estrés. Si me despiden y para mí ese empleo no significa nada, tampoco tendré estrés. Pero cuando enfrento una situación que significa algo importante para mí, seguramente sentiré cierta presión. Si me va bien en esa situación, eso dejará una huella positiva en mi cerebro.

Supongamos que un adolescente quiere conquistar a una chica y le dice: «¿Cómo estás, guapa?» Es una situación de estrés (porque es importante para él). Si le va bien, aunque después se termine la relación con esa chica, cuando intente conquistar a otra lo hará confiado ya que la huella del estrés vivido antes fue positiva. Pero si ese mismo adolescente se presenta a un examen sin haber estudiado mucho, porque estuvo ocupado con su novia, cuando el profesor le haga alguna pregunta dudará. Es posible que lo reprueben, y si tiene que rendir el examen otra vez tendrá una huella negativa en su cerebro. Este joven, cuando va a conquistar una chica lo hace con valentía porque tiene un recuerdo que dejó una huella positiva; pero cuando va a hacer un examen, tiene un recuerdo que dejó una huella negativa.

Siempre que enfrentamos algo revisamos cómo nos fue antes. El problema no es lo que tenemos por delante, que alguien nos presione o que un trabajo implique demasiada responsabilidad, sino el hecho de que solemos revisar hacia atrás para ver cómo nos fue en una situación similar. De este modo, comprobamos si nuestra huella es positiva o negativa. Si es negativa, vamos a enfrentar lo nuevo con mucho estrés y probablemente nos salga mal. Siempre que encaramos algo nuevo, revisamos nuestras experiencias pasadas.

El gran error que todos cometemos consiste en culpar a algo o a alguien: «Fue por el profesor», «El examen era muy difícil», «Mi jefe me presiona», «Esta situación es injusta». Sin embargo, la cuestión nunca está en ese algo o ese alguien, sino en que lo vamos a enfrentar de acuerdo a las huellas (los recuerdos) de cómo nos fue anteriormente.

Eso no significa que, si tengo un examen, vaya a recordar exactamente cómo fue el anterior; simplemente recuerdo que me fue mal y siento miedo. Es algo automático, por eso es estrés. Es igual que aprender a ir en bicicleta. La mayoría nos caíamos al principio, hasta que llegó un momento en el que ya no pensamos «¿cómo tengo que hacerlo?», sino que la acción se volvió automática.

Todos nuestros recuerdos, positivos o negativos, se vuelven automáticos. Entonces, cuando ante una situación de estrés digo que tengo miedo, no es algo pensado, me sale automáticamente. Los seres humanos siempre creemos que miramos hacia delante y que nuestro problema está allí. Pero lo cierto es que inconscientemente miramos hacia atrás. Necesitamos trabajar con lo que nos ocurrió antes, porque las muchas responsabilidades que tenemos por delante, y la manera de afrontarlas, dependen de cómo nos fue en el pasado.

Cuando alguien dice: «A mí me exigen mucho, me presionan», no está evaluando lo que tiene delante, sino mirando hacia atrás, conectándose con alguien que le exigió demasiado en su pasado y con el recuerdo de que le fue mal. Entonces, ahora todo lo va a sentir como presión y tal vez tema a las responsabilidades. Cuando alguien que tiene una tarea lo abandona todo, no lo hace por la tarea en sí sino porque tuvo antes una tarea similar y le fue mal. Perdió la confianza y ahora no se siente capaz. Cada reacción responde a datos del pasado, huellas positivas o

> «No temas a las presiones, recuerda que la presión es lo que hace que un pedazo de carbón se convierta en un diamante.»
>
> Anónimo

negativas que automatizan nuestras respuestas y nos hacen encarar las situaciones de tal o cual manera.

Entonces:

Ante una situación que nos provoca ganas de huir y nos hace sentir presionados, tenemos que mirar hacia atrás para descubrir en qué momento nos estresamos negativamente.

Si antes me fue mal y en el presente siento que me va a ir mal también, tengo que centrarme afectivamente en las situaciones en que me ha ido bien. Si me centro en lo que me fue bien, podré reunir fuerzas para enfrentar la nueva situación. Ante una situación negativa de nuestro pasado, tenemos que pensar en otra donde nos haya ido bien y, cuando nos asalte ese recuerdo negativo, oponerle este otro positivo. De esta manera, las emociones se mezclan y la emoción producida por una mala experiencia se diluye.

Si nuestro hijo realiza muchas acciones negativas, no deberíamos pensar: «No puedo más, me doy por vencido con este hijo.» En lugar de eso, centrémonos en los momentos en que nos fue bien con él, cuando ambos hicimos las cosas bien, y nos fortaleceremos anímicamente con esa emoción. Podemos decir algo como: «Me centro en esta virtud y sigo adelante, ¡no voy a huir jamás!» Recordemos las victorias de nuestro pasado para ir hacia delante. Por ejemplo, si el jefe nos encomienda una responsabilidad para la cual no nos sentimos capacitados, podemos preguntarnos: «¿Qué habrá visto en mí para elegirme para esta tarea? Seguramente algo positivo: confianza, honestidad, inteligencia. Me voy a centrar en lo positivo y la voy a realizar.»

> «La mejor arma contra e.
> es nuestra capacidad de elección
> entre un pensamiento y otro.»
>
> William James

De las victorias del pasado cobramos fuerzas para aprender a manejar las presiones del presente y no huir de las responsabilidades.

2. EN BUSCA DE APROBACIÓN

¿Por qué una persona le teme a la responsabilidad? Porque, en el fondo, tiene miedo de que la rechacen. Todos buscamos ser reconocidos, pues necesitamos la mirada de los demás. El reconocimiento del otro nos proporciona gratificación. El músico que toca en público necesita que lo aplaudan. ¿Por qué? Porque todos buscamos ser reconocidos y, para lograrlo, nos necesitamos los unos a los otros. Cuando acepto que quiero ser reconocido, me libero.

Todos necesitamos ser mirados y validados, ya que eso nos da gratificación. Desde niños buscamos la aprobación de mamá y de papá. Quién alguna vez no ha visto a otro hablar buscando nuestra aprobación. Alguna vez fui a una charla y noté que el orador miraba a un oyente esperando que aprobara con la cabeza lo que estaba diciendo. Todos necesitamos ser aprobados. Lo importante es que esa aprobación no sea inútil, es decir, que no busquemos aprobación de los demás todo el tiempo o tontamente. ¿Qué significa buscar aprobación tontamente? Hacer cosas tontas para llamar la atención. Imaginemos que un violinista está tocando y, de pronto, deja el violín para peinarse. Sin duda llama la atención, pero tontamente. Muchas veces se hacen tonterías para llamar la atención. Algunas personas no pueden quedarse quietas, van de un lado a otro tratando de atraer las miradas de los demás, con la excusa de que son hiperactivas.

Otra manera tonta de llamar la atención es competir sin sentido. Si doy una charla, tengo que llamar la atención de mi auditorio porque la necesito. Pero si voy a un curso, no llamo la atención, presto atención al que habla. Cuando jugamos con nuestros hijos, nos arrojamos al suelo y hacemos muecas para hacerlos reír. Pero cuando viajamos en un transporte público, no hacemos cosas así para llamar la atención de los demás pasajeros.

> «La búsqueda de la aprobación se convierte en una zona errónea solo cuando se transforma en una necesidad en vez de un deseo.»
>
> Wayne W. Dyer

Si alguien puede mostrar sus logros, no necesita llamar la atención tontamente. Si un violinista se esfuerza practicando, merece disfrutar del aplauso que recibe. Se gana el aplauso de la gente por su logro, la forma sana de recibir reconocimiento.

Si el violinista termina de tocar y el público lo aplaude y grita «¡Bravo!», menos cuatro personas en un palco que lo miran indiferentes, debe ignorarlos. Y si el violinista necesita ser validado por esas personas (por ejemplo, porque las conoce y sabe que entienden mucho de música), deberá seguir practicando y tomarlo como un desafío para que todos lo aplaudan la próxima vez. Solo los niños llaman la atención portándose mal, pero un adulto consigue el reconocimiento de los demás desarrollándose y creciendo.

3. ARRIESGAR CON INTELIGENCIA

Cuando tenemos que asumir una responsabilidad (porque no queremos ser rechazados sino validados), tenemos que transformarla en una razón para el crecimiento, en motivación para seguir avanzando. Es decir, en una *oportunidad*.

> *Las oportunidades están siempre*
> *a la vuelta de la esquina.*

No tenemos que crear las oportunidades, tenemos que «verlas». ¿Por qué? Porque hay oportunidades en todas partes. Por eso, no necesitamos crearlas sino capturarlas. Pero las oportunidades pueden venir en forma de algo negativo, algo que nos atemorice; podríamos compararlo con un león que ruge (así es como percibimos a veces una responsabilidad grande que tenemos por delante).

Howard Schultz, el fundador de Starbucks, tuvo que conseguir varios millones de dólares para crear esa empresa, cuando todavía no era un millonario. Él «vio» esa oportunidad, aunque implicaba un riesgo. Seguramente sintió miedo, considerando que la inversión era grande, pero aun así siguió adelante. Hoy Starbucks tiene locales en todo el mundo y ventas por miles de millones dólares al año. La razón es que hubo una persona que vio un león, pero igualmente avanzó. Las oportunidades, que están en todos lados, a nuestra disposición, siempre aparecerán en forma de leones, no de gatitos. ¡Las grandes oportunidades rugen!

Entonces, es importante que sepamos:

Cuando veamos una gran oportunidad en forma de león, nunca estaremos ciento por ciento preparados.

¿Qué significa? Que cuando elegimos cambiar de actitud hacia una responsabilidad que nos provoca temor y empezar a verla como una oportunidad, no vamos a sentirnos totalmente preparados. Para matar un león, ¿hay una manera de graduarse? ¡No! Siempre vamos a sentir que nos falta un poco y nunca estaremos ciento por ciento seguros. Nunca se darán las condiciones perfectas. Por lo general, las circunstancias no son las óptimas, pero ahí está nuestra «oportunidad de oro» para que, hagamos lo que hagamos, nos vaya bien. No temamos ir por nuestro león. Ese negocio que nos da miedo afrontar, o esa familia que no nos atrevemos a formar... ahí está nuestro león y tenemos que salir a cazarlo.

Una oportunidad de oro consiste en estar en el lugar y el momento apropiados, con la persona apropiada: «Vaya, precisamente estábamos buscando una persona como usted... ¿Cuánto quiere ganar?» Y justo cuentan con el presupuesto para darnos lo que pidamos. Pero para estar en el lugar y el momento apropiados, con la gente apropiada, primera tenemos que pasar por el lugar y el momento inapropiados, con la gente inapropiada. Ese es nuestro león. Si lo vencemos, terminaremos en la cima. Nuestro peor león, el más feroz, es una oportunidad que, si así lo decidimos,

> «Acepta los riesgos, toda la vida no es sino una oportunidad.»
>
> Dale Carnegie

puede convertirse en nuestra mejor oportunidad. Para ello, es necesario que veamos los peligros y reunamos el valor requerido para enfrentarlos y superarlos.

Cuando nos animamos a vencer a nuestro león, ese gigante que tanto nos atemoriza, y avanzamos a pesar del miedo, recibimos los siguientes beneficios:

- Crecimiento
- Armonía en las relaciones interpersonales
- Inspiración

Hay una responsabilidad que ya es hora de dejar de evitar. Un gran desafío que hemos de atrevernos a asumir. Porque cuando lo hagamos y corramos riesgos inteligentes, seremos ascendidos en todas las áreas de la vida. Detrás de cada peligro hay un logro esperándonos. No solo disfrutaremos de relaciones sanas con todo el mundo, sino que además seremos inspiración para muchos otros.

¿Cuándo corremos riesgos inteligentes?

Cuando somos valientes y nos convertimos en líderes. A un jefe lo nombran; a un líder lo elige la gente. Un jefe manda; un líder inspira. Jefe es un título; líder es un reconocimiento. El líder determina el ambiente del grupo. Cuando un equipo anda mal es porque el líder anda mal; cuando un equipo anda bien es porque el líder anda bien. El líder no teme la responsabilidad, sino que se atreve a correr riesgos inteligentes (a pesar del miedo) y contagia a su entorno. Busquemos nuestros leones. O mejor dicho, permitamos que ellos nos encuentren y nos rujan. Arriesguémonos con inteligencia.

22

MIEDO A LA VIOLENCIA

1. Atmósferas violentas

Vivimos tiempos violentos a nivel mundial, pero cada lugar tiene una atmósfera emocional y espiritual. Tal vez fuimos a un hospital y percibimos una atmósfera de muerte. En algunos sitios hasta se puede oler. O fuimos a visitar una familia y había una atmósfera de pelea, un ambiente realmente hostil. A todos nos ha ocurrido entrar en algún lugar donde hay personas que se paran muy cerca de uno, casi pegados, obligándonos a recular.

> «La violencia crea más problemas sociales que los que resuelve.»
>
> Martin Luther King Jr.

Cada lugar tiene una atmósfera emocional y espiritual. De hecho, las consultoras tienen ciertos parámetros para medir la atmósfera en los ámbitos de trabajo. La atmósfera grupal no es solo emocional, sino también espiritual. Cuando entramos en un lugar, su atmósfera nos envuelve y hace que seamos parte de ella. A veces entramos en un grupo donde están todos peleados y, sin darnos cuenta, por no comprobar cómo es esa atmósfera, también empezamos a pelear y discutir con todo el mundo. O entramos en una atmósfera donde hay tristeza, depresión, amargura y, de repente, empezamos a hablar en voz baja. Tristemente, la mayoría de la gente termina contagiada de aquello que está sucediendo en un lugar, aunque se trate de la cola del banco...

En todo lugar siempre habrá una atmósfera, pero no necesariamente tenemos que vernos envueltos en ella. Nunca deberíamos temerle a la atmósfera reinante, ni criticarla, sino convertirnos en «trasformadores de ambientes». Si lo deseamos, podemos cambiar el ambiente. Entonces, donde había violencia, algo tan común estos días, ahora habrá paz; si había tristeza, ahora habrá fuerza; si había distracción, ahora habrá atención; si había miedo, ahora habrá seguridad; etc.

> «La violencia es el último recurso del incompetente.»
>
> Isaac Asimov

¿Cómo podemos cambiar una atmósfera violenta?

Haciendo lo contrario de lo que está sucediendo allí. Si hay violencia y las personas se están agrediendo, física o verbalmente, tenemos que transmitir tranquilidad y jamás unirnos a esa violencia.

¿Cómo nos damos cuenta de cuál es la atmósfera reinante?

Al entrar en un lugar, en los primeros diez minutos nos daremos cuenta a nivel emocional y espiritual de cuál es su atmósfera. La atmósfera de todos los ámbitos en general la determinan los líderes. Si, por ejemplo, una banda de músicos comienza a interpretar una pieza pero no hay nadie que los dirija se van a perder. El líder es quien determina la atmósfera. Por eso, cuando entremos en un lugar donde haya violencia, aunque sea solo de palabra, hemos de convertirnos en líderes y modificar

> «La violencia significa miedo a las ideas ajenas y poca fe en las propias.»
>
> **Antonio Fraguas, *Forges***

el ambiente. Sin importar lo que esté pasando, pensemos: «Yo aporto paz, tranquilidad y armonía a este lugar.» ¡Podemos liderar e implantar paz allá donde vayamos!

Cuando entremos en un lugar donde todos estén peleados, sean conocidos o desconocidos, hagamos lo contrario: en vez de pelear, aportemos paz. Cuando todos griten, hablaremos bajo. Cuando todos quieran sobresalir, mostraremos un perfil bajo. Cuando haya una atmósfera egoísta, anunciaremos: «Yo quiero compartir esto con vosotros.»

Hagamos siempre lo contrario, porque cualquiera de nosotros puede cambiar una atmósfera. Cuando tengamos un problema con alguien, digámosle: «Vamos a hablar cara a cara, nada de redes sociales ni de correos electrónicos.» Planteemos lo contrario siempre. Si nuestros hijos no nos abrazan y nos tratan mal, debemos manifestarles amor y abrazarlos, para, así, validarlos. Atrevámonos a transformar la atmósfera en nuestro hogar, en nuestro trabajo y en todo lugar. Basta uno solo para comenzar un movimiento de paz que luego alcance a todos.

2. VIOLENCIA FÍSICA

Lamentablemente, en el mundo actual las situaciones traumáticas son moneda corriente. Básicamente, se las puede definir como un «trastorno de ansiedad» que se genera después de un hecho terrible como un asalto violento, un secuestro, un asesinato o una violación. También podríamos incluir en la lista la tortura y la guerra. Todas son verdaderas formas de violencia física que tienen un alto impacto emocional en nuestra vida.

¿Cómo actuar con una persona que es víctima de un hecho violento? Veamos algunas actitudes básicas que pueden ayudarla:

- **Contener**
En estos casos, es importante que evitemos hablar de más, ya que la ansiedad es contagiosa. Si la víctima expresa agresividad, no hay que tomarse nada como personal ni mostrar preocupación. Solo hay que creerle, estar cerca, abrazarla, aceptarla, escucharla empáticamente.

- **Escuchar**
Hay personas que tras una situación traumática prefieren guardar silencio para así evitar angustiarse. Sin embargo, esta actitud en algunas ocasiones empeora las cosas. Relatar los hechos, poner palabras a la experiencia traumática es terapéutico. Nos curamos hablando. Brindémosle un espacio seguro donde el agredido pueda expresarse con libertad y sin reprimirse. Evitemos preguntar insistentemente detalles como «¿dónde sucedió?», «¿qué estabas hacien-

do?» o «¿a qué hora ocurrió?». Es importante que podamos animar a la víctima a hablar, permitiendo de este modo que haga catarsis.

- **Normalizar sus reacciones**
Una manera de ayudar a la víctima es guiándola a pensar cómo afrontar el futuro inmediato, cómo seguir a partir de ese hecho traumático.

Las situaciones de violencia suelen provocar ciertos síntomas. Estos son tres de los más comunes:

- **Recrear el hecho**
Aparecen pensamientos negativos, problemas de concentración, olvidos, estados de confusión, dificultades a la hora de tomar decisiones. Al recrear el hecho, la persona siente que vuelve a vivirlo, que está sucediendo otra vez, incluso con imágenes sumamente vívidas.

- **Evitar lugares, ideas y hechos**
Al recordar el suceso traumático, hay personas que lo relatan como si no les hubiera ocurrido a ellas sino a otro. Se separan emocionalmente de la experiencia violenta para no sufrir.

- **Experimentar hiperactivación**
Es frecuente la aparición de problemas para conciliar el sueño, hipervigilancia, estados de irritación, dificultad para concentrarse, etc.
Muchas personas, alguna vez, han estado expuestas a

situaciones violentas (traumas). Esto no significa que en todos los casos el hecho derive en estrés postraumático. Por cierto, la mayor parte de las víctimas se recuperan gracias al proceso de resiliencia que ocurre durante los meses siguientes al hecho. Por eso, podemos afirmar que síntomas como miedo a dormir, trastornos gastrointestinales, hipervigilancia, recuerdos y pesadillas, entre otros, son perfectamente normales.

¿Qué entendemos por resiliencia?

Se trata de una habilidad que surge a partir de una experiencia de miedo extremo. Mediante el uso de sus fortalezas internas, familiares y sociales, la persona logra adaptarse a la nueva situación y fortalecerse.

Según Boris Cyrulnik, la resiliencia es una fuerza interior que nos permite seguir adelante después de haber sufrido una experiencia traumática.

Este autor xplica que no se trata de una respuesta automática, sino de una conducta desarrollada por quien se conoce a sí mismo y conoce su mundo emocional. Como resultado, el individuo logra superar la adversidad sin verse afectado. Es, pues, un «mecanismo de autoprotección» que surge de las relaciones afectivas de las que una persona dispone, que proveen un espacio seguro para compartir las emociones.*

Es fundamental que la persona que experimenta estrés postraumático reciba afecto, contención, apoyo y seguri-

---

* CYRULNIK, Boris, *La maravilla del dolor*, Granica, Barcelona, 2001.

dad a través de sus relaciones interpersonales. Ante el dolor, todos necesitamos una comunidad que nos acepte, nos respete y nos ayude a encontrar sentido a las vivencias negativas.

> «Aquel que tiene un porqué para vivir, puede soportar casi cualquier cómo.»
>
> Friedrich Nietzsche

En estos tiempos, frente a la violencia, con tantas situaciones que nos superan a nivel emocional, necesitamos desarrollar la resiliencia, esa fuerza que reside en nuestro interior y que nos permite superar el estrés y todos sus síntomas negativos.

3. VIOLENCIA VERBAL

Otra clase de violencia, a la que muchos temen y ante la que se sienten indefensos, es la violencia verbal. Muchas personas la han sufrido desde la infancia, de boca de sus propios padres.

> «Es abuso cualquier comportamiento encaminado a controlar y subyugar a otro ser humano mediante el recurso al miedo y la humillación, y valiéndose de ataques físicos o verbales.»
>
> Susan Forward

Los seres humanos tenemos la posibilidad de elegir entre dos clases de poder bien diferenciadas:

a. *Poder sobre el otro*. Se utiliza para controlar y dominar a los demás.

b. Poder sobre sí mismo. A diferencia del anterior, está destinado a cuidarnos y amarnos a nosotros mismos de manera equilibrada. Además, tiene como fin ayudar a los demás.

Una persona que maltrata de forma verbal no cree en el poder sobre sí mismo, sino en el poder sobre el otro. Generalmente, este tipo de maltrato ocurre en secreto, puertas adentro. Cuando la violencia verbal se inicia en la infancia y continúa en el tiempo, muy probablemente la persona que la sufre la manifestará de algún modo.
Algunos tipos de violencia verbal son:

- *La negación.* «Yo no he dicho eso. Siempre lo entiendes todo mal.» El maltratador niega sus palabras y sus acciones.
- *La desigualdad de derechos.* «Yo sí, tú no.» El maltratador nunca comparte nada con el otro.
- *El control.* «No te pongas esa ropa, que te queda muy mal.»
- *La humillación.* «Todo lo que haces te sale mal, avanzas un paso y retrocedes tres.»
- *El juicio.* «¡No sirves para nada!»

El arma principal del maltratador verbal es la culpa, una acusación falsa según la cual la víctima «debe sufrir» porque lo merece, por ser mala. La culpa es ir contra uno mismo por algo que se hizo o se dejó de hacer. Se trata de una emoción destructiva que aparece sin que el individuo se dé cuenta, y lo lleva a las dos conductas que describo a continuación, afectando negativamente su vida e impidiéndole disfrutar y ser feliz:

- **Privarse de lo bueno**

Por no creerse merecedora, de manera inconsciente, la persona culpabilizada suele privarse de las cosas buenas de la vida, desde un buen descanso o tiempo de calidad con la familia y amigos, hasta viajes y bienes materiales que podría permitirse. Por ejemplo, si consigue un buen trabajo, hace algo negativo para que la despidan, boicoteando así su bienestar.

b. Reprocharse todo el tiempo

El sentimiento de culpa se vuelve una voz interna de juicio y crítica que permanentemente atormenta a la persona y la lleva a cuestionarse todo lo que hace. Esta actitud la vuelve perfeccionista, se pone metas extremadamente exigentes que no podrá alcanzar, por ejemplo, adelgazar veinte kilos en un mes.

Crecer en un ambiente donde existe maltrato verbal tiene consecuencias: la persona no podrá conformar y disfrutar de un mundo emocional sano a menos que reciba ayuda profesional. Si bien no podemos modificar el pasado, sí tenemos la posibilidad de elegir transformar sus efectos en el presente. Si hemos padecido esta clase de abuso, por muy doloroso que haya sido, hemos de saber que esa situación no nos convierte en una víctima de nuestro destino. Cambiar el pasado negativo en algo positivo es perfectamente posible. ¿Cómo empezar a hacerlo?

Básicamente, hablando bien de nosotros mismos, justamente lo opuesto a lo que hemos recibido. Poco a poco, esto nos permitirá ir cerrando esa herida tan profunda y dolorosa.

Hay que diferenciar enojo de violencia. El enojo es una emoción normal, todos podemos enojarnos, pero la violencia es una conducta patológica. Una persona madura sabe administrar y controlar su enojo contra algo o alguien. Nunca deberíamos tolerar la violencia en ninguna de sus formas, y menos aún tenerle miedo. La violencia no se combate con más violencia, con más de lo mismo, sino con la actitud contraria. La única manera de erradicar la violencia de nuestras vidas y nuestras sociedades es sembrando la paz allí donde vayamos y estemos. Ese es el único camino.

23

MIEDO A LO DESCONOCIDO

1. BUSCAR LO NUEVO

Cuando los seres humanos no buscamos cosas nuevas, en cierto modo morimos. Pero si buscamos lo nuevo, nos mantendremos activos, en movimiento y más vivos que nunca. Todos nacemos, crecemos, nos desarrollamos y morimos. Si en nuestro trabajo tenemos un cliente, lo atendemos, lo llamamos con regularidad. Pero hay un punto en que, si no hay una idea nueva, nuestro trabajo disminuye, va agonizando. Si recibimos una idea nueva, por ejemplo, lanzar un producto nuevo, o lo que sea, esa idea nueva nos lleva a más crecimiento. Esa idea renovada es lo que nos permite seguir creciendo.

Cuando una pareja no busca algo nuevo, se muere; cuando un comerciante no busca algo nuevo, su negocio se muere; cuando un profesional no busca

> «La creatividad es inteligencia divirtiéndose.»
>
> Albert Einstein

algo nuevo, se muere; cuando un ser humano no busca algo nuevo, se muere. En todas las áreas siempre hay un momento en que llegamos a una meseta y necesitamos renovarnos. Es decir, se trata de crecer durante toda la vida.

En cada ciclo y, cada tanto, necesitamos ideas totalmente nuevas. Cuando una pareja se enamora, al principio todo está muy bien, pero llega un momento en que sobreviene el aburrimiento, siempre es lo mismo, se instala la rutina. A todos nos ocurre. Si tenemos ideas nuevas y las llevamos a la práctica, la pareja sigue creciendo, pero si nunca surge algo nuevo, un cambio, una renovación, la pareja se quiebra y tal vez uno se enamore de otra persona que represente la novedad. Y otra vez empieza el mismo ciclo...

> «No es posible resolver los problemas de hoy con las soluciones de ayer.»
>
> Roger van Oech

Hay una lucha entre lo viejo y lo nuevo, basada en el temor a lo desconocido. Y lo viejo siempre viene a buscarnos para engañarnos y mantenernos en el mismo sitio toda la vida. Mucha gente le tiene miedo a la novedad, a lo desconocido, y elige permanecer en lo viejo conocido por no arriesgarse a entrar en lo nuevo y salir de su zona de confort. Pero para disfrutar vidas plenas y felices, todos necesitamos ideas nuevas.

2. DOS VISIONES

Todos tenemos un amigo o un familiar que sufre depresión. O alguna vez hemos padecido depresión nosotros mismos. Es algo terrible. La tristeza puede aparecer cuando le cerramos la puerta a lo nuevo en nuestra vida y nos conformamos con lo viejo conocido que nos brinda una falsa seguridad. Siempre que nos acomodamos a lo conocido, empezamos a sentir preocupación, ansiedad y tristeza. Y si nuestras circunstancias siguen sin renovarse, pasa el tiempo y nuestras fuerzas van menguando. Las emociones negativas no nos dejan pensar bien, sin ansiedad. El jugador de ajedrez está cinco horas pensando una jugada, pero no está ansioso, es decir que puede pensar y hacerla bien.

Una mente cerrada a lo nuevo se expresa con rigidez. Aquellos con pensamiento rígido no pueden tener mentores, ¿para qué, si «ya lo saben todo»? Y tampoco se permiten disfrutar de la alegría ni de las emociones. Su estructura interna no les permite salir de su organización diaria. Se conforman pensando: «Más vale malo conocido que bueno por conocer». O: «Así como estamos, estamos bien.» Todo lo emocional les molesta, dado que por su inseguridad necesitan tener el control; su consigna es moverse en el mundo de lo conocido, el imperativo y el deber: «Esto debe hacerse así y punto.»

En cambio, una mente abierta nos da la capacidad de adaptarnos a todo lugar y a toda circunstancia. «Activar el compromiso» significa darse y entregarse en favor de una causa. La mente cerrada no sabe cuál es su propósito y no se permite averiguarlo. Éxito es saber para qué vivimos, cuáles son nuestros sueños y deseos. Para lograrlo, necesitamos quitar el piloto automático, superar los miedos y animarnos al desafío.

Si logramos dar este paso, llegaremos a lugares desconocidos, viviremos como nunca lo imaginamos, nos conectaremos con quienes nunca pensamos conectarnos, tendremos experiencias que marcarán nuestro destino y nos favorecerán allá donde estemos. Nuestra vida será un imán, nuestros brazos no perderán las fuerzas, nuestros pies se dirigirán hacia la meta, se abrirán las puertas que permanecían cerradas y nadie más volverá a cerrarlas. Todo esto sucede cuando nos atrevemos a dar ese paso hacia un nuevo desafío, dejando atrás la zona de confort.

No podemos esperar algo nuevo haciendo siempre lo mismo. Una mente cerrada no permite ver ni alcanzar las nuevas oportunidades.

3. SIN MIEDO A LO DESCONOCIDO

> «Pierdes el ciento por ciento de los intentos que nunca probaste.»
>
> Wayne Gretzky

Si queremos abrirnos a lo nuevo y disfrutarlo sin temor, hay varias cosas que podemos hacer. Veamos algunas:

- **Amar las cosas que hacemos**
Hay dos maneras de relacionarnos con la gente:
— Por «toma y dame». ¿Cómo funciona el «toma y dame»? Yo hago algo por ti, pero espero que tú también hagas algo por mí. Una persona va a trabajar porque recibe un pago por su tarea. Eso es «toma y dame».
— Por amor. El vínculo por amor consiste en dar sin

esperar nada a cambio. Amo por el placer de hacerlo. Si ayudo a alguien esperando que me dé las gracias, entonces no ayudo por amor. Llamamos «amor» a muchas actitudes que no lo son. Por ejemplo, si invito a un amigo a cenar y espero que en la siguiente ocasión él me invite (y si no me invita, me ofendo), no lo hago por amor, sino por el «toma y dame».

Cuando hay amor, existe el deseo de hacer y el esfuerzo que ello implica. Si le doy un euro a alguien, eso no es amor sino amabilidad. No es amor porque dar un euro no me cuesta nada. Muchas actividades que, según se dice, se realizan para ayudar a otros, no son en realidad solidaridad. Si ayudamos a un ser querido y en el fondo estamos esperando que «como yo hice algo por ti, ahora tú haz algo por mí», eso no es amor sino «toma y dame». Necesitamos tener claro cuáles son los marcos de una relación. Hagamos más cosas por amor y menos por «toma y dame». Y si hacemos cosas por interés, tengamos el coraje de disimularlo.

- **Liderar y hacernos cargo de nuestra propia vida**
Todos nacemos con una herencia biológica, con habilidades y características únicas. A la gente que nace con capacidad creativa le gusta imaginar, inventar, fantasear, explorar cosas nuevas. Otros tienen don de gentes, una capacidad innata para sonreír, empatizar, motivar y convencer. Los que nacieron con el don de liderazgo tienen la capacidad de ver un poco más allá. Todos podemos ser líderes de nuestra propia vida y trabajar para alcanzar la mejor versión de nosotros mismos. ¿Cómo hacerlo? La clave está en ver más allá.

En un vuelo, en el momento del despegue, una azafata recorría el pasillo controlando que todos tuviéramos el cinturón ajustado. Cuando llegó hasta mi asiento, observó que, a pesar de la penumbra, yo estaba leyendo. Comprobó mi cinturón y, sin decir nada, siguió con su recorrido. Detrás de ella pasó otra azafata. Esta se inclinó y me dijo: «Señor, puede encender la luz de lectura con este botón. Así podrá leer más cómodamente.» A diferencia de la primera azafata, que simplemente cumplió con su trabajo, esta segunda era claramente una lideresa, porque pudo ver un poco más.

Para vencer el temor a lo nuevo y explorar territorios desconocidos, siempre es necesario que miremos un poco más allá; de lo contrario, esperaremos que nos digan lo que hay que hacer.

• **Tener respeto por la elección del otro**

Si nuestra hija nos dice que su vocación es ser pintora, que quiere estudiar artes plásticas y pintar cuadros, tenemos que respetar su decisión y ponernos a su disposición. Esto no significa someterse, sino apoyar la aspiración de ella y poner nuestras ideas, recursos y fuerza a su servicio, para que siga su propio sueño.

Respetar significa aportar ideas, fuerza y cariño en pos de la elección del otro, incluso cuando no estemos de acuerdo. Cuando respetamos la elección de los demás, otras personas apoyarán nuestros proyectos y aportarán sus ideas y recursos.

Nunca pretendamos cambiar la vocación de alguien ni convencerlo de que acepte la nuestra. Nunca olvidemos que para tener una convivencia en paz, tanto en el hogar como en la sociedad, necesitamos apoyarnos unos a otros, para que así todos podamos alcanzar nuestros sueños.

> «Los cabos que amarran el respeto de unos por otros son, en general, cabos de necesidad.»
>
> Blaise Pascal

4. LOS PIONEROS

¿A quién llamamos pionero?

Pionero es la persona que hace algo donde hubo pocos antecedentes, alguien que actúa donde otros no hicieron nada. Es quien hace algo nuevo, algo inédito, es quien deja una marca, define un antes y un después.

El pionero comienza una nueva etapa, abre caminos, deja huellas. Es una persona idealista que tiene sueños, y esos sueños suyos son tan fuertes que lo convierten en un ser insistente y perseverante. Su persistencia interior la vuelca, la expresa exteriormente y contagia su entorno. Al pionero nadie puede robarle sus sueños o amedrentarlo, nada lo detiene. Tampoco lo detiene la crítica o la calumnias, porque sabe que está comenzando algo nuevo y que siempre será objeto de crítica. Gandhi, el apóstol Pablo o Tomás Alva Edison son solo algunos ejemplos de pioneros famosos. Pero hubo (y hay) muchos otros de quienes no sabemos nada. Todos ellos vivieron aislados, sometidos a crítica y rechazo, porque tuvieron la valentía de empezar algo nuevo. Hicieron, a pesar del miedo. ¿Por qué fueron rechazados? Porque nadie supo comprenderlos.

No es lo mismo mejorar algo empezado que abrir un camino desconocido aún no transitado. El pionero levanta una bandera que luego será imitada y enarbolada por muchos, muchos otros.

Por ejemplo, cuando Freud dijo que el niño poseía sexualidad, todos los intelectuales de su época le impusieron un aislamiento intelectual durante diez años. Freud dijo que estos habían sido sus años de mayor creatividad y producción de nuevas ideas.

Muchas veces el pionero no ve el éxito porque él es el que levanta la primera bandera, pero sabe que cuando mire hacia atrás habrá abierto camino, porque se atrevió a pagar el precio, a ir por donde nadie lo había hecho antes. Su huella es tan intensa, tan fuerte y nítida que con el tiempo otros transitarán por allí.

El pionero no ve a corto plazo, no busca el aplauso inmediato, sino dejar un legado. Un pionero se mueve en paz, los obstáculos no lo detienen, sino que transforma las circunstancias difíciles en oportunidades de crecimiento y desafío. Un pionero rompe viejas estructuras para dar lugar a lo nuevo. Es un experto en «rompimiento».

> «El progreso y el desarrollo son imposibles si uno sigue haciendo las cosas tal como siempre las ha hecho.»
>
> Wayne W. Dyer

¿Qué significa rompimiento?

Es abrir camino y hacerlo para los demás. Animémonos a ser rompedores. Si logramos el éxito en nuestro trabajo, abramos puertas a los demás; si logramos el éxito en algún aspecto de la vida, abramos camino para los demás.

Porque rompedor, pionero, iniciador, no es el que logra algo y cierra la puerta a los demás, sino el que les abre camino para que la gente también alcance sus sueños, sus metas. Comprometámonos con nosotros mismos a ser personas de acción. Ser pionero tiene sus frutos. Si somos líderes y tenemos diez personas a cargo en nuestro equipo desde hace muchos años, no estamos creciendo. Debemos crecer, obtener más frutos, y eso implica esfuerzo. Muchas veces es difícil y resulta más cómodo no aceptar un nuevo desafío y quedarnos con lo seguro antes que animarnos a crecer, pero si queremos dejar una huella, seamos pioneros, rompedores. Seguramente muchos irán detrás de nuestras huellas y transitarán los caminos que nos atrevimos a abrir.

24

MIEDO AL ABANDONO

1. LAS CARTAS QUE NO QUEREMOS PERDER

En la vida hay cuatro elementos que todos tenemos en común. Son cuatro cosas que no elegimos, que vienen a nosotros las queramos o no, y que nos produce mucho miedo perder. Estas son las cuatro cartas que no elegimos en la vida:

- **El cuerpo**
Todos heredamos los rasgos de los ojos y la boca, la estatura, el color del cabello, etc. Heredamos la constitución física. También la predisposición a padecer algunas enfermedades como el cáncer, la anemia, etc. Y todo esto no lo elegimos, sino que nos viene al nacer. Recibimos el cuerpo que tenemos, pero el hecho de que esté diseñado a imagen y semejanza de nuestro Creador nos habilita para hacer algo sobre esa carta que no elegimos. Todos podemos cuidarnos, comer sano, hacer deporte, tomar suficien-

te agua, etc. De esa manera, anulamos o prevenimos muchas enfermedades que no elegimos tener, que nos vienen heredadas. Es decir, aunque esta carta del cuerpo no la elegimos, podemos influir en ella.

- **La familia**

Uno no elige a sus padres, sus hermanos, ni el hogar en que nace. Esta carta la da la vida. Tal vez le tocó un padre que le pegaba, o una madre que lo abandonó. Tal vez le tocó un padre comprensivo. Tal vez le tocó un hermano odioso, o ningún hermano cuando quería tener hermanos, o no quería tener hermanos y tuvo muchos. La carta de la familia tampoco se elige. Pero también podemos hacer algo con ella. «Mi padre nunca me quiso, nunca me abrazó», se quejan algunos. Si ese es nuestro caso, hoy podemos hacer algo al respecto: elegir no abrazar y repetir la historia, o elegir abrazar y cambiar la historia. Es decir, cambiar su final.

Un famoso psicólogo estadounidense cuenta que atendió a un muchacho que era adicto, ladrón y mujeriego. Le preguntó: «¿Cómo llegó usted a ser así?» Y el chico le contestó: «Tuve un padre alcohólico, mujeriego y maltratador que me abandonó. ¿Qué podía hacer en una situación así?» Después de unos años, este psicólogo atendió al hermano del muchacho, que tenía una familia extraordinaria y un negocio próspero. Era una persona de bien. Entonces le preguntó lo mismo: «¿Cómo llegó usted a ser así?» Y le contestó: «Tuve un padre que me abandonó, alcohólico, mujeriego y maltratador. ¿Qué podía hacer en una situación así?» O sea, los dos hermanos tomaron caminos distintos, a pesar de haber tenido el mismo padre. Aunque uno no elige a su familia, aunque no haya sido el entorno ideal que le habría gustado tener, puede hacer algo con eso: elegir si va a llevarse mal con sus padres y hermanos, es decir, repetir la historia, o escribir un nuevo final de esa historia.

- **Las circunstancias**

Hay circunstancias que no elegimos. Yo no elegí aprender griego ni que me llevaran a Grecia. Tampoco elegí Argentina, la eligieron por mí para que naciera en ese país. He escuchado a gente comentar: «Me habría gustado que el barco hubiera puesto rumbo a Estados Unidos, en lugar de venir aquí.» Pero no elegimos las circunstancias. Quizá nos criamos en una familia donde el orden y la higiene no eran hábitos diarios, y eso no lo elegimos. Hay circunstancias muy duras. Muchos sufrieron abusos o fueron abandonados de chicos, y eso no lo eligieron. Otros pasaron hambre en su infancia, y eso tampoco lo eligieron.

Las circunstancias que no elegimos y nos vinieron dadas, como el nacimiento, son otra carta que los seres humanos tenemos para manejar en el juego de la vida. Como estamos hechos a imagen y semejanza de nuestro Creador, podemos elegir qué vamos a

> «Lo que hace falta es someter las circunstancias, no someterse a ellas.»
>
> Quinto Horacio Flaco

hacer con esas circunstancias, cómo reaccionar a lo que nos sucedió.

Lo más importante no es lo que nos pasa,
sino lo que hacemos con aquello que nos pasa.

Viktor Frankl estuvo en el campo de concentración de Auschwitz y descubrió que los nazis podían sacarles todo a los prisioneros, menos algo: la libertad interna para elegir cómo reaccionar. Es decir que, a pesar de que hay circunstancias que no elegimos, podemos elegir responder sin temor y con amor. Eso se llama libertad. Porque aunque la vida nos haya dado una carta que es imposible cambiar, siempre podremos hacer algo con ella.

> **«Nuestros actos hablan sobre nosotros tanto como nosotros sobre ellos.»**
>
> **George Eliot**

- **La mente**

Dicen que los primeros cinco a diez años son los más importantes para la formación de la mentalidad de una persona. Muchos expresan: «Cuando yo tenía cuatro años, en mi casa todo era miedo; me decían "ten cuidado", "es peligroso", y ahora soy una persona temerosa»; o «Mis padres me transmitieron ideas de desconfianza; me decían que tuviera cuidado porque me iban a engañar y que no confiara en nadie». La mayoría de las costumbres que tenemos hoy son ideas que nos fueron introduciendo en la cabeza sin que nosotros las eligiéramos. No obstante, ahora podemos elegir cuáles de esas ideas usar y cuáles descartar. No elegimos las ideas que nos transmitieron en nuestra familia y nuestra cultura, pero ahora podemos elegir qué creer y, por tanto, cómo actuar.

Todos tenemos las cartas que hemos recibido en la vida. Con algunas estamos conformes; con otras, no. Pero todos podemos elegir cartas nuevas, si así lo decidimos. Lo que nos ocurre a veces es que nos encariñamos con esas cartas, aun cuando sean negativas o no del todo buenas, y nos da miedo perderlas o cambiarlas. No tenemos la valentía de arrancarlas de nuestra vida porque lo vivimos como un abandono. Y a nadie le gusta ser abandonado. Es así como, por ejemplo, podemos pasar años o toda la vida con un cuerpo con achaques, porque no nos atrevemos a hacer algo para disfrutar de un cuerpo sano y en su mejor estado. De igual manera, podemos vivir llevándonos mal con nuestros seres queridos porque tememos que se alejen de nosotros, «que nos dejen», si hablamos con sinceridad y les decimos lo que no nos gusta o nos hace daño. En todos los casos, y sean cuales sean nuestras cartas, debemos recordar que tenemos libertad para implementar cambios positivos en todos los aspectos de la vida.

2. Superar el miedo al abandono

Detrás de todos los miedos se esconde el miedo al abandono. Muchos temen ser abandonados, tal vez porque sufrieron el abandono de alguno de sus padres, o de ambos; o quizá porque, aun con la presencia de mamá y papá, no recibieron la atención que necesitaban en su niñez. Entonces, ya adultos, viven con el temor permanente de perder a aquellos que están cerca (su afecto): pareja, hijos, padres, amigos, clientes, etc.

Veamos tres acciones posibles para vencer ese miedo que nos impide disfrutar de los que están cerca y comparten su vida con nosotros.

- **Reemplazarlo por emociones positivas**

Cuanto más pensamos en algo, más se agranda y puede llegar a convertirse en una realidad. Por esa razón, lo ideal, cuando sentimos miedo de que alguien nos abandone, de que se vaya de nuestra vida, y no podemos sacarnos esa idea de la cabeza (pensamiento obsesivo), no es intentar dejar de pensar en esta posibilidad, sino reemplazarla por una idea positiva. Los pensamientos positivos generan emociones positivas. Nadie puede cambiar ni controlar la conducta del otro, aunque muchas veces lo intentamos, pero todos tenemos la capacidad de dominar nuestra mente. Por ejemplo, si nos persigue la idea de que nuestra mejor amiga nos va a abandonar por otra, pensemos que ambas llegaremos juntas a la vejez y disfrutaremos momentos maravillosos también en esa etapa.

- **Aprender a confiar en nosotros mismos**

Mucha gente confía más en los demás que en sí misma. El psicólogo Albert Bandura es el creador del término *autoeficacia*. Y explica que esta surge cuando prestamos atención a nuestras propias capacidades y circunstancias. Cuando reconocemos nuestras fortalezas, la confianza en nosotros mismos aumenta, y lo opuesto ocurre si nos centramos en nuestros puntos débiles. Tener confianza en uno mismo es fundamental para enfrentar el miedo al abandono, que también está relacionado con la propia inseguridad. Quien cree en sí mismo es capaz de superar este y cualquier otro temor que intente paralizarlo, ya sea real o imaginario.

- **Aceptar que tenemos miedo**

Esto es importantísimo y consiste en no temer al miedo. Muchos se niegan a aceptar su miedo a perder algo. La mayoría de los seres humanos sienten miedo al enfrentar una situación nueva o un desafío. Por lo general, intentamos tapar nuestros miedos para que nadie se dé cuenta de lo que sentimos, cuando tendríamos que mirarlos a la cara. Cuando lo hacemos, casi siempre se vuelven más pequeños hasta terminar desapareciendo. Para vencer el miedo al abandono, el primer paso es reconocerlo, ponerlo en palabras y luego enfrentarlo, aunque nos sintamos ahogados o amenazados. Si no encaramos de frente nuestros temores y, en cambio, huimos de ellos, nos perseguirán toda la vida.

- **Elegir pensamientos de acción**

¿Qué significa esto? Centrarnos en las posibilidades que tenemos de actuar, y esa actitud nos ayuda a no quedarnos estancados o dándole vueltas a los mismos pensamientos obsesivos: «Me va a dejar»; «Se va a ir»; «Va a preferirlo a él o a ella». Veamos un ejemplo: si dejo un trabajo para dedicarme a hacer lo que me gusta de verdad, ¿qué sería lo peor que podría suceder? Lo peor sería que me quedara sin dinero. Tenemos que hacer un inventario de lo peor que podría pasar y, al mismo tiempo, elegir pensamientos de acción o, mejor dicho, de previsión.

> «¡Que enmudezcan nuestras lenguas y empiecen a hablar las manos!»
>
> Francisco Villaespesa

Dicha actitud disminuye el estrés que provoca «pensar lo peor». Creer que frente a las dificultades siempre hay otras posibilidades nos permite generar «pensamientos de solución» y no perdernos en la ansiedad que causa el temor.

Como ya mencionamos, todo miedo tiene como base el temor al abandono. Pero hay algo que todos los humanos, sin distinción, anhelamos más que cualquier otra cosa: el amor. El amor es lo único que puede derrotar al miedo, porque es precisamente su cara opuesta (no el odio, como muchos creen). Y el primero que puede dar amor soy yo mismo. Amándome, puedo dejar de temer que la gente me abandone.

3. LA MUJER ABANDONADA POR SU PAREJA

Muchos hombres y mujeres de personalidad insegura temen ser abandonados por su pareja. Por lo general, hay más mujeres despechadas que varones despechados. Una mujer despechada, a la que «su hombre» abandonó, es capaz de hacer cualquier cosa para liberar la ira y el deseo de venganza que siente.

Estas son algunas de las acciones típicas de una mujer despechada:

- Gasta todo lo que puede, y aún un poco más, de la cuenta bancaria de su pareja.

- Los hijos por lo general van mal vestidos cuando se encuentran con su padre.
- Habla mal de su padre a sus hijos, tratando de generar entre ellos un sentimiento de dolor y al mismo tiempo de hostilidad.
- Aunque no lo reconozca, vive pendiente de las actividades de él en las redes sociales y trata de reunir gente que esté en contra de «su ex» y a su favor.
- Lo humilla cada vez que puede en los ámbitos en que él se mueve (con los compañeros del trabajo, los hijos, la familia, los amigos, los padres del colegio, etc.).

¿Por qué una mujer puede decidir comportarse de esta manera?

La mujer, por lo general, es mucho más sensible que el varón al abandono, porque ella suele entregar mucho más que él, sobre todo en la etapa del enamoramiento y en los primeros años de la relación. La herida de una mujer abandonada es muy profunda, aun cuando los demás no se den cuenta, y no se cura fácilmente con el transcurso del tiempo.

La mujer despechada que sufre por amor, a quien le cuesta entender que su pareja ha llegado a su fin, muchas veces busca vengarse. Toda la culpa de la separación se la atribuye a él, y su único deseo es que ese hombre viva en carne propia todo el dolor, la frustración y la desdicha que ella siente. Es muy común que esta situación se dé en mujeres que han sufrido abandono, especialmente en aquellas que han tenido un padre física o emocionalmente ausente.

El varón despechado, a diferencia de ella, pone la angustia del abandono y el deseo de venganza en su propio cuerpo. Entonces experimenta problemas físicos, que son más fáciles de tratar y resolver en corto tiempo, al contrario que los problemas emocionales, que requieren de ayuda profesional para que no se enquisten.

Una persona que se siente abandonada por su pareja atravesará las siguientes etapas:

a. *Etapa de conmoción y desconcierto.* Al principio, la persona no puede entender, ni creer, lo que ocurrió (en el fondo, se niega a verlo y aceptarlo).

b. *Necesidad de recuperar al otro y volver el tiempo atrás.* Luego intentará, casi desesperadamente, hablar sobre lo sucedido para hallar una solución que la devuelva al pasado. Tal actitud es inútil, ya que nadie puede hacer retroceder el tiempo y, en el caso de una relación de pareja, cuando hay una ruptura, nunca vuelve a ser como antes aunque reanuden la vida en común.

Cuando una relación se termina y nuestra pareja nos abandona, el dolor se hace presente y nos vuelve vulnerables, nos hace sentir humillados. Esa herida duele en el alma, en el corazón y también en el cuerpo (provoca síntomas físicos). Nuestra estima queda destrozada. Y como si esto fuera poco, el abandono también afecta a nuestra imagen social. De pronto, nos vemos en la necesidad de redescubrirnos, de reinventarnos, de volver a plantear cada aspecto de nuestra vida, pero ahora sin él/ella. Es entonces cuando sobreviene el enojo, la inseguridad y el miedo al futuro.

Por eso, cuando hay un abandono en nuestra vida, es necesario elaborar un duelo, como ante el fallecimiento de un ser querido. Esto no se puede obviar. El dolor es una emoción que hay que permitirse y experimentar hasta que desaparezca y venga el alivio. El duelo, en este caso específico, se debe a la ruptura de un ideal: la pareja que ya no existe. Es posible superar el miedo a ser abandonados y también superar el dolor que aparece cuando el abandono tan temido tiene lugar. La vida continúa y el verdadero fracaso no es que se rompa la pareja, sino mantener una pareja que ya no funciona.

25

LA ALEGRÍA, EL MEJOR ANTÍDOTO CONTRA LA ADVERSIDAD

1. UNA PUERTA ABIERTA A LAS OPORTUNIDADES

Para mucha gente, la alegría no es una parte fundamental de su vida. Lo que ellos ignoran es que esta emoción es el clima que produce cambios positivos. Cada vez que establecemos una atmósfera alegre en nuestra vida, abrimos las puertas a las oportunidades, las conexiones de oro, la salud y el bienestar. Y, por supuesto, la alegría echa por tierra todos nuestros miedos.

Pero no se trata de estar contentos porque es nuestro cumpleaños o el de un ser querido, sino de un gozo profundo que nace de nuestro interior y no depende de las circunstancias. ¿Por qué hoy en día muchas personas no se comprometen con una tarea, o se comprometen por un tiempo y después abandonan? Porque han perdido la alegría. Cuando alguien pierde las ganas de vivir, ya nada le atrae y necesita ser motivado y, en algunos casos, presio-

> «Todo les sale bien a las personas de carácter dulce y alegre.»
>
> Voltaire

nado. El compromiso es el resultado de la alegría. Una persona contenta interiormente siempre va a estar comprometida. En primer lugar consigo misma, y luego con los demás.

El famoso rey David llegó al trono por arrojar una piedra y derribar y matar al gigante Goliat. Con una sola piedra volteó al enemigo de su pueblo. Pero ¿dónde aprendió David a tirar piedras con una honda? ¿En la escuela? No; cuando era solo un muchacho, él cuidaba ovejas. Y si aparecía un león o un oso con malas intenciones, no se asustaba, le arrojaba una piedra y lo derribaba. Así fue practicando una y otra vez, hasta que desarrolló la habilidad de lanzar piedras con una honda. No parece ser algo que pueda llevarnos muy lejos, pero con cualquier cosa que uno haga, aunque parezca insignificante, si mantiene una actitud de alegría, tarde o temprano se encontrará con su Goliat, con su imposible, y lo derribará. Y lo que era un don pequeño, que tal vez se aprendió casualmente, será un arma de guerra para llevarnos a nuestro próximo triunfo. Porque la alegría abre la puerta al éxito.

Si abrimos un camino de alegría en nuestra propia vida, todas nuestras capacidades, por pequeñas que sean, se aplicarán en promocionarnos a nuestro próximo nivel. Pongámosle alegría a la vida y no subestimemos ninguna de nuestras fortalezas.

Cuentan que Leonardo da Vinci terminó una de sus mejores pinturas con su pincel más pequeño dando unos toquecitos casi imperceptibles al lienzo. Un genio como él concluyó su obra de arte con delicados toques. Nunca deberíamos subestimar nada. Si generamos una atmósfera de

> «La alegría de ver y entender es el más perfecto don de la naturaleza.»
>
> Albert Einstein

alegría, aun lo pequeño, lo que parece que no sirve para mucho, nos servirá para llevarnos a grandes oportunidades y avances extraordinarios.

2. ¿ALEGRÍA EN LA ADVERSIDAD?

Es fácil sentir alegría cuando todo está bien. Pero ¿alguien puede estar alegre y no sentir temor cuando está atravesando un momento difícil? ¿Es posible que eso suceda, por ejemplo, si tiene un hijo gravemente enfermo, o lo despiden del trabajo?

«No hay mal que dure cien años», reza el refrán. El doctor Kusnetzoff explica que, cuando estamos en medio de la adversidad, el peor problema es creer que esa situación será eterna, que nunca se acabará el dolor, la angustia y el miedo. En esos casos, tenemos que pensar que nada negativo dura para siempre y que eso también pasará. La adversidad siempre es momentánea y, al igual que una tormenta, cuando termina vuelve a salir el sol.

Nuestro problema tiene fecha de caducidad.
Por eso, aun en esas circunstancias, podemos decidir
adoptar una actitud de alegría.

En 1898 nació Norman Vincent Peale, pastor y escritor estadounidense, creador de la teoría del pensamiento positivo, que, en la década de 1930 en Estados Unidos, durante la Depresión —que fue la peor crisis en ese país—, empezó a hablar de la fe. Decía que la fe es alegre y que hay que tener fe. La gente lo criticaba y se preguntaba cómo podía hablar de fe en medio de tanta pobreza. Entonces Peale dejó de usar la palabra fe. La cambió por «pensamiento tenaz», y afirmó que los seres humanos necesitamos desarrollar el pensamiento tenaz. Esta vez, la gente se detuvo a escucharlo. Por último, cambió pensamiento tenaz por «pensamiento positivo». En los años treinta, en medio de terribles dificultades, se reunían miles de personas para escuchar a alguien hablar sobre el pensamiento positivo.

Peale tuvo enorme influencia en el mundo de su época y sus ideas inspiran a mucha gente hasta el día de hoy. Uno de sus seminarios sobre el pensamiento positivo se llamó «Cómo planificar los próximos quince años», y Peale, un hombre de más de ochenta años, generó un impacto extraordinario en las personas que asistieron, entre las que había muchos jóvenes. Es un ejemplo de que siempre debemos estar en la búsqueda de crecimiento y sueños nuevos. La alegría abre la puerta a lo extraordinario. Cuando desarrollamos el hábito de la alegría, estamos ejerciendo influencia positiva sobre alguien y abriéndole una puerta a las oportunidades.

> «Vives en un mundo con presagios de caos, toma la decisión de pensar en un mundo mejor.»
>
> **Norman Vincent Peale**

3. ACTIVAR LA ALEGRÍA EN NUESTRA VIDA

La alegría es un motivador que nos puede llevar a caminos insospechados. Pero la decisión de que fluya en «mi» vida es exclusivamente «mía». Muchas personas dicen: «Él (o ella) me hizo enfadar», pero la verdad es que nadie más que uno mismo tiene el control sobre sus emociones. Yo, y solo yo, decido enfadarme, estar triste o alegre.

Así pues, la alegría, al igual que cualquier otra emoción, es una actitud, una decisión que no depende de lo que un tercero haga o deje de hacer. Los seres humanos fuimos diseñados para funcionar en positivo y tenemos la capacidad de liberar alegría en cualquier lugar y circunstancia. Sintiéndonos bien o mal, con lluvia o sol.

Nosotros mismos podemos activar la alegría en nuestra vida. ¿Cómo? Veamos algunas ideas prácticas:

- **Soñando (imaginando) en grande**

Los grandes sueños son uno de los mayores motores para provocar la motivación en nuestra vida. Y quien está motivado, está alegre.

> «El futuro pertenece a aquellos que creen en la belleza de sus sueños.»
>
> **Eleanor Roosevelt**

- **Ser agradecidos en todo**

Por negativas que sean las circunstancias, siempre podemos encontrar algo pequeño que agradecer. Quien vive agradecido «en» todo —que no es lo mismo que «por» todo— vive alegre.

- **Tener una doble mirada**

La doble mirada hace que si tenemos una pequeña empresa con diez personas, imaginemos que son treinta personas a nuestro cargo. Y que cuando logremos tener treinta, imaginemos que son cien. Nunca miremos solo lo que se ve, miremos también lo invisible. Y mirémoslo multiplicado. Cuando tengamos cien euros, tenemos que ver quinientos. Cuando veamos a nuestro hijo padecer alguna adicción, tenemos que ver a un gran empresario o a un gran médico. Porque lo que se ve es temporal, mientras que lo que no se ve es eterno. Ver un futuro mejor que nuestro presente nos llena de alegría.

- **Creer que es posible**

Hemos de erradicar del vocabulario la palabra *imposible* y reemplazarla por su antónimo: *posible*. Cuando alguien cree que se puede, que algo es posible, aunque todo el mundo diga lo contrario, tarde o temprano lo verá convertido en realidad.

> «Todos nuestros sueños se pueden hacer realidad si tenemos el coraje de perseguirlos.»
>
> **Walt Disney**

- **Extenderse cada día un poco más**

Hay que ampliar nuestra autoconfianza e ir siempre un poco más allá de nuestras posibilidades. ¡Aunque hoy no haya nada! Siempre podemos creer un poco más, hacer un poco más, compartir un poco más, dar un poco más. Tratemos de extendernos en todas direcciones, todo lo que podamos.

- **Aprender algo de cada experiencia negativa**

A todos, sin excepción, nos han sucedido cosas duras, tristes, dolorosas, que desearíamos olvidar. La peor experiencia que hayamos vivido y aún recordemos, esa anécdota que no se borra de la mente, ese miedo que nos paralizó, fue la «vacuna» para que ya no nos angustiemos ni caigamos nunca más. Para que nada nos afecte más de la cuenta y sigamos adelante hacia la meta. Las crisis, las pruebas, tienen la función de entrenarnos, no de destruirnos. Corrie Ten Boom fue una mujer extraordinaria, superviviente de la Alemania nazi. Cuentan que estaba prisionera con su hermana en un lugar lleno de pulgas. ¡Y le daba gracias a Dios por las pulgas! Porque eran pocas las prisioneras que querían ocupar ese lugar, y eso les permitía a ella y a su hermana compartir sus experiencias con más libertad en un contexto tan duro. Más adelante, cuando fue liberada pudo perdonar a varios guardias nazis y se dedicó a enseñar sobre el tema del perdón. Incluso las circunstancias más terribles nos pueden enseñar algo y servir para un propósito.

- **Aceptar que triunfaremos en un área y fracasaremos en otra**

Tenemos que elegir con quién vamos a triunfar y con quién vamos a fracasar. Hagamos una lista de la gente con la que vamos a fracasar. Porque, hagamos lo que hagamos, siempre habrá alguien que no nos quiera y nos critique. Nunca podemos agradar a todo el mundo. Si recordamos esto, nos ahorraremos muchos dolores de cabeza y desilusiones. Si nos desanimamos por alguien que nos critica, es porque dejamos de escuchar a quien habló bien de nosotros. Si nos afecta lo que alguien hace en nuestra contra, es porque dejamos de ver a quien nos ayudó cuando lo necesitamos.

Concentrémonos en lo bueno. Y, de lo negativo, aprendamos la lección y sigamos adelante.

- **Saber que hay nuevas situaciones ante nosotros que traerán algún beneficio**

A veces, lo que al principio parece negativo, luego, con el tiempo, nos damos cuenta de que nos trajo algún beneficio. Entonces entendemos por qué sucedió lo que sucedió y somos capaces de dar las gracias por ello. Aun en los momentos más difíciles, siempre habrá algo más grande y mejor a nuestro favor.

- **Declarar: «Este es mi momento»**

Aunque todo alrededor se vea oscuro, siempre podemos creer y declarar: «Este es mi momento.» Porque las oportunidades no las determina un gobierno, una situación económica, la posición social o ninguna otra cosa. Las oportunidades están a nuestra disposición siempre, pero así tenemos que creerlo y estar atentos para no dejarlas pasar.

Un violinista estaba ensayando con la orquesta una pieza muy difícil, pero a él le salía muy bien. Un día fue a visitar a su madre y se lo contó. Ella le dijo: «Pues esa música es la que yo te hacía escuchar cuando estabas en mi barriga.» O sea, incluso en el vientre materno podemos disponer de momentos extraordinarios que luego influirán en nuestra vida. Por eso, no nos distraigamos con todo lo negativo que vemos y escuchamos a diario. Nuestra declaración y nuestra acción determinarán que los resultados no se hagan esperar.

- **Hablar sobre cosas grandes**

Nuestra vida va en la dirección de nuestras palabras, es decir. Nada más levantarnos, debemos comentar todo lo bueno que queremos lograr en ese día. Hoy en día, todo el mundo está muy negativo y es fácil contagiarse del negativismo. Pero los seres humanos disponemos en nuestro interior de distintas clases de poder: el de hacer todo lo que podamos; el del autocontrol; el de la fuerza interna para no detenernos ante nada, y el poder grato, que es la capacidad de triunfar.

Un hombre encontró un valioso tesoro en un terreno y no lo comentó con nadie. Vendió todo lo que tenía para comprar ese terreno, porque allí estaba el tesoro. Ese terreno es nuestra vida. Debemos comprarnos a nosotros mismos, lo cual significa amarnos, cuidarnos y tratarnos bien, pues en nuestro interior hay un tesoro que vale más que todas las riquezas de este mundo.

> «Hazles comprender que no tienen en el mundo otro deber que la alegría.»
>
> Paul Claudel

Disfrutemos de la vida, mantengámonos en alegría y alejemos el miedo para siempre de nuestra vida.

BIBLIOGRAFÍA

ALPEROVICH, Jorge, *Viva mejor y más, si gusta...*, Polemos, Buenos Aires, 2007.

BECK, Judith, *Terapia cognitiva para superación de retos*, Gedisa, Barcelona, 2007.

BISCONTTI, Omar, *Terapia de pareja*, Lumen, Buenos Aires, 2006.

BOGIAIZIAN, Daniel, *Preocuparse de más*, Lumen, Buenos Aires, 2014.

—, y otros, *Combatiendo el miedo al miedo*, Lugar Editorial, Buenos Aires, 2002.

BOWLBY, John, *Los vínculos afectivos: formación, desarrollo y pérdida*, Morata, Madrid, 2006.

BRENES PEÑA, Ester, *Descortesía verbal y tertulia televisiva*, Peter Lang, Berna, 2011.

BULACIO, Juan Manuel, *Ansiedad, estrés y práctica clínica*, Akadia, Buenos Aires, 2004.

BUTLER-BOWDON, Tom, *Nunca es demasiado tarde*, Urano, Barcelona, 2013.

CAUNT, John, *Confía en ti*, Gedisa, Barcelona, 2001

CEBERIO, Marcelo R. y otros, *Clínica del cambio*, Nadir Editores, Buenos Aires, 1991.

CREIGHTON, James, *Claves para pelearse sin romper la pareja*, Longseller, Buenos Aires, 2005.

CÍA, Alfredo, *La ansiedad y sus trastornos*, Polemos, Buenos Aires, 2007.

CYRULNIK, Boris, *El amor que nos cura*, Gedisa, Barcelona, 2004.

—, y otros, *El realismo de la esperanza*, Gedisa, Barcelona, 2004.

—, *La maravilla del dolor*, Granica, Barcelona, 2001.

—, «La resiliencia: una infancia infeliz no determina la vida», en *Los patitos feos*, Gedisa, Barcelona, 2002.

—, y otros, «La resiliencia: estado de la cuestión», en Manciaux, M. (ed.), *La resiliencia: resistir y rehacerse*, Gedisa, Barcelona, 2003.

FERNÁNDEZ ÁLVAREZ, Héctor y BOGIAIZIAN, Daniel, *El miedo a los otros*, Lumen, Buenos Aires, 2008.

FIORENZA, Andrea, *99 Estrategias para superar el miedo, la ansiedad y las fobias*, RBA, Barcelona, 2007.

GIRODO, Michel, *Cómo vencer la timidez*, Mondadori, Barcelona, 2002.

GLASER, Judith E, *Inteligencia conversacional*, Norma, Bogotá, 2015.

GÓMEZ, Mariela y MARZUCCO, Valeria, *¡No puedo dejar de preocuparme! ¿Usted tiene TAG?*, Galerna, Buenos Aires, 2009.

GOYTIA, Cristina, *El fin de la timidez*, Atlántida, Buenos Aires, 2007.

—, *Fobias, ansiedad, miedos*, Atlántida, Buenos Aires, 2004.

HEATH, Chip y HEATH, Dan; *Cambia el chip. Cómo afrontar cambios que parecen imposibles*, Gestión 2000, Barcelona, 2011.

HILLMAN, James, *Tipos de poder*, Granica, Barcelona, 2002.

HIRIGOYEN, Marie France, *El acoso moral*, Paidós, Barcelona, 2001.

JELLISON, Jerald, *Lo siento, no fue mi intención*, Diana, México, 1981.

LIEBERMAN, David, *Haga las paces con todo el mundo*, Amat, Barcelona, 2002.

LÓPEZ BLANCO, Alicia, *El cuerpo tiene la palabra*, Robinbook, Barcelona, 2004.

MAHALUF, Jorge, *Jóvenes que temen demasiado*, Grijalbo, Santiago de Chile, 2002.

MANGUEL, Alberto, *Una historia de la lectura*, Siglo XXI, Buenos Aires, 2017.

MARINA, José Antonio, *El laberinto sentimental*, Anagrama, Barcelona, 1996.

MEYRIALLE, Cristina, *La pareja en crisis*, Vinciguerra, Buenos Aires, 2016.

MILLON, Theodore y DAVIS, Roger, *Trastornos de la personalidad. Más allá del DSM-IV*, Masson, Barcelona, 2001.

MINSHULL, Ruth, *Cómo escoger a su gente*, Publicaciones Dianéticas, México, 1981.

NARDONE, Giorgo, *Más allá del miedo*, Paidós, Barcelona, 2003.

OBERHOFER, Pablo, *Cómo superar la timidez*, Andrómeda, Buenos Aires, 2006.

PALLARÉS MOLINS, Enrique, *Los mecanismos de defensa*, Mensajero, Bilbao, 2008.

RESNICK, Stella, *Reencontrar el placer*, Urano, Barcelona, 1998.

RODRÍGUEZ ESTRADA, Mauro, *Creatividad verbal*, Pax, México, 2008.

SOSA CASTILLA, Carmen y CAPAFONS, Juan, *Tratando... fobias específicas*, Pirámide, Madrid, 2007.

SPRING, Janis y SPRING, Michael, *Después de la infidelidad*, Harper Collins Español, Barcelona, 2015.

STAMATEAS, Bernardo, *Gente tóxica*, Ediciones B, Barcelona, 2011.

SUÁREZ, Enrique, *Vencer el miedo. Historias Reales*, La Imprenta Wingord, Buenos Aires, 2009.

—, *Vivir sin miedo*, Olmo, Buenos Aires, 2006.

WATZLAWICK, Paul, *Teoría de la comunicación humana*, Herder, Barcelona, 1993.

WILLI, Jurg, *La pareja humana. Relaciones y conflicto*, Morata, Madrid, 2002.

WILSON, Nelly y LUCIANO SORIANO, M. Carmen, *Terapia de aceptación y compromiso*, Pirámide, Madrid, 2002

http://www.duoc.cl/ver/noticia/como-una-anecdota-entre-estudiantes-llego-ser-un-innovador-prototipo-que-busca

https://www.taringa.net/posts/info/1204835/Tres-historias-deinnovacion.html

ÍNDICE